国家社科基金
GUOJIA SHEKE JIJIN HOUQI ZIZHU XIANGMU
后期资助项目

空间分布理论下的
金融发展与区域经济增长
之间的相互关系研究

The Study of the Relationship between Financial
Development and Regional Economic Growth Base on
The Spatial Distribution Theory

张 行 著

中国财经出版传媒集团

经济科学出版社
Economic Science Press

国家社科基金后期资助项目
出版说明

　　后期资助项目是国家社科基金设立的一类重要项目，旨在鼓励广大社科研究者潜心治学，支持基础研究多出优秀成果。它是经过严格评审，从接近完成的科研成果中遴选立项的。为扩大后期资助项目的影响，更好地推动学术发展，促进成果转化，全国哲学社会科学规划办公室按照"统一设计、统一标识、统一版式、形成系列"的总体要求，组织出版国家社科基金后期资助项目成果。

全国哲学社会科学规划办公室

目　录

绪　　论

改革开放30多年来，中国经济保持了快速增长的态势（尤其是20世纪90年代到21世纪前10年）。虽然近些年（2013年以来）国际和国内都对未来中国经济走向持消极态度，但作者认为中国经济内需拉动经济增长的潜力还是存在很大空间，经济增长的脚步不会因为目前的低谷而停止。在这一背景下，经济增长带来的区域间的发展差距却逐渐拉大，协调区域发展、缩小区域差距成为政府和学者们高度关注的问题之一，国内外学者对中国区域经济增长与地区发展差距进行了广泛而深入的研究。其中，区域金融作为金融规模、结构与运行在空间上的分布状况，通过聚合区域经济发展的各种因素而影响区域经济成长及其差异演变。学者们大体上认同了区域金融发展对于经济增长的促进作用，但对于这一领域的理论与经验研究，还有许多工作要做，如区域金融结构（质）和金融发展（量）如何影响区域经济增长，中国各省、区、市金融结构趋同与分化格局同区域经济分布与演进格局的关联性如何，等等。

一、研究背景及问题的提出

改革开放以来，中国经济持续保持高速增长态势，取得了举世瞩目的成就，极大地促进了中国整体经济实力的提升。1978～2014年，我国实际GDP由3 645.2亿元增加到636 463亿元，实际人均GDP由381元增加到7 575美元，在此期间，各省份的经济总量和人均收入也呈现出显著的上升趋势。但与这种快速增长相伴随的是，中国地区间的经济增长速度与居民生活水平存在明显差异，东部沿海地区的经济增长状况在近30年始终好于中、西部地区。由于资源禀赋、市场容量等方面的异质性，一国各地区不可能保持完全相同的经济增长速度，但如果地区间的经济差异长期存在或程度较大，则会影响到资源的配置效率和要素市场扩展，不利于提高整体经济的效率和保持经济增长的连续性；同时地区间经济增长的不协调还会对社会秩序产生负面影响，中国全面建设小康社会和现代化所追求的，不单单是整体的经济增长，而是在增长基础上实现经济社会的全面进步，让各地区居民相对均匀地分享增长的成果，区域经济增长长期失衡则不利于各地区居民相对均匀地分享经济增长的成果，影响效率与公平的改革目标。正是基于上述考虑，近年来我国政府在以科学发展观统领全局的思路下，将调控区域的增长差距、协调地区经济发展摆在更突出的地位。为了能较为全面地反映我国现阶段各地区的经济发展状况，以及各地区在经济发展过程中所呈现出的不同变化规律和运行特征，需要在定性基础上对我国各省份间经济发展水平的差异程度进行定量分析，清晰地揭示我国区域经济增长的地理空间分布特征及其演化规律，并研究我国的地区经济增长模式是否具有收敛性特征以及我国区域经济增长空间分布演进趋势受何种因素影响。

基于新古典增长理论，学者们开展了区域经济增长趋同的研究。在劳动力和资本边际效用递减、市场完全竞争和技术进步外生等假设条件下建立的新古典增长模型，得出了一个重要的推论——趋同假说，即假如区域间要素投入可以自由流动，基于要素边际收益递减规律，经济水平较低的国家或地区具有相对较高的经济增长率，这样，随着时间的推移，不同国家或不同地区间经济的差异有可能消失，区域间的人均产出和经济增长将趋于均衡，或最终都要收敛到稳态的位置，并沿着稳态路径发展，即走向趋同。按照新古典模型的这个推论，如果除了初始的人均资本量以外，所有经济体的其他条件都是相同的，那么收敛性在绝对意义上会成立，即经济体的经济增长率与其初始水平呈负相关关系（即绝对 β 趋同）；然而，不同经济体具有多方面的差异——包括自然条件、储蓄倾向、生育倾向、工作意愿、技术偏好和政策等方面的差异，区域经济体同质性的假定很难实现。但若把影响绝对经济稳定状态的因素加入模型之后，经济体之间存在趋同，那么收敛性在条件意义上成立（即条件 β 趋同），多数实证检验证明了条件收敛的观点，即在世界范围内并不存在绝对 β 趋同，但确实存在条件 β 趋同，具有代表性的研究有巴罗和萨拉·伊·马丁（Barro and Sala-I-Martin）以美国的州为对象进行的分析，以及一些学者对欧盟国家的分析[1]。后续的研究发现，在现实经济发展中，影响和决定经济稳态的因素——自然条件、储蓄倾向和政策等，可能会在一定时期、一定的组内逐渐走向相似而使得这些区域具有相似的稳态，从而使这些区域在经济增长的过程中逐步走向趋同[2]。这表明，只有在具有相似稳态的经济体之间才存在新古典经济理论所预期的趋同，学者们由此还提出了俱乐部趋同的概念，即经济增长的初始条件和结构特征等方面都相似的区域之间会发生相互趋同。但以罗默[3]、卢卡斯[4]等为代表的学者所建立的新增长理论，把技术因素内生化，并得出了区域经济增长不是走向趋同，而是走向趋异的结论。之后在此基础上形成的技术扩散模型综合了"内生增长理论"的长期增长特征和新古典增长模型的收敛特征，因此区域经济体之间不是彼此隔绝的"孤岛"，而表现为一种相关性，且技术扩散的强度在区域经济个体之间必定是不均匀的，有可能与地理学第一定律相符（任何事物之间都是相互联系的，联系强度与地理距离负相关），区域经济体之间的这种强度不等的相关性，有可能使得一定时期、一定组内的经济体逐步走向趋同，特别是在空间上相邻或相近的区域之间形成"空间俱乐部"。

近些年，大量的实证研究基本上是把地理经济实体作为"孤岛"来处理的，假定区域经济体之间是相互独立的和封闭的。但是，在现实世界中，区域经济是一个开放的系统，知识和技术的扩散，人口和要素的流动等，使得相邻或相近区域之间通过积聚和辐射作用，对自身和邻近区域经济体的发展产生影响，这决定了区域经济体之间并不是孤立的而是相互联系的，这也就意味着以往大多数忽略地理空间效应的经济增长趋同研究，可能存在着使用了不恰当的模型的问题或者做出了不可靠的推论。近年来，随着探索性空间数据分析（Exploratory Spatial Data Analysis，ESDA）技术的发展，经济地理学和区域经济学者们对俱乐部趋同的研究兴趣日益增强，并开始考虑空间相关性对俱乐部趋同的影响。

应该看到，发展中国家在经济发展过程中出现一定的地区差异是一种普遍现象。但是，这种差异长时间的存在或扩大必然会影响经济发展的整体效率，对大国经济的稳定、协调发展带来不利的后果。我国区域经济发展不平衡主要表现在两个层面，一是我国经济发达地区与欠发达地区的经济差距明显，二是经济发达地区内部和经济不发达地区内部呈现趋同和聚集趋势。全面建设小康社会和构建社会主义和谐社会，必须要缩小区域差距、实现区域经济均衡发展，因此在理论上需加强有关问题的研究，如区域经济增长差异的收敛与趋异问题，即贫困区域能否赶上富裕区域；经济增长过程中的地理（空间）溢出效应问题和区域经济增长的空间发展模式；在区域经济增长空间非均匀分布条件下，对区域经济增长机制与成因的实证检验和估计等。

一方面，由于区域经济金融主体之间在地理上是一些明显具有空间依赖性的经济实体，空间相关性是我国区域经济金融分布的一个重要特征，有必要将地理空间维度引入区域经济金融发展过程研究中。另一方面，金融作为现代经济的核心，在资源配置、风险管理、信息提供以及促进经济发展中发挥着重要作用，特别是区域金融的协调发展对中国区域经济的协调发展起着关键性的作用。所以，在构建和谐社会的进程中，我们尤其要重视区域金融的发展及其差距。尽管国际上对新兴市场国家以及转轨经济国家的相关实证研究成果已有很多，但对于中国的区域金融发展以及其地区差距方面的探讨则比较少，对区域经济发展具有先导作用的区域金融，至今却没得到应有的足够关注。有关中国的区域金融发展是呈现收敛还是发散态势、造成区域金融发展差距的原因是什么、其与中国区域经济发展差距有何关系、应该采取什么样方式来促进区域金融的协调发展等诸多问题都值得进行深入的研究。本书将在已有研究基础上，进一步以省级和地市两级行政单元为基本研究单元，采用 ESDA 和空间经济计量分析等前沿技术探究中国区域经济发展中俱乐部趋同的存在、区域结构特征及其变化，以及空间俱乐部的产生原因等，并对我国区域金融结构（质）和金融发展（量）影响区域经济增长的原因和机理进行详细分析，对各省、区、市金融结构趋同与分化格局与区域经济分布与演进格局的关联与互动进行阐释，在此基础上提出有关促进我国区域经济金融协调、均衡的政策建议。

二、研究意义

（一）理论意义

经济金融化是现代市场经济的显著特征。多年来，学术界对金融问题的研究重点集中在宏观金融理论和微观金融理论两个层面，对金融活动的区域化问题并没有给予足够的重视，尚未形成完整的区域金融理论，相关研究成果较少。因此，选择区域金融作为研究领域具有重要的理论意义和价值。就区域金融理论现有的研究成果来看，研究多集中在区域金融与区域经济的相互作用等方面，研究工具和研究手段也比较单一。对于国土广袤、区域经济金融复杂演进的中国来讲，区域金融成长空间布局的演化过程，包括区域金融主体在地理空间上集聚过程、区域金融中心的布局变化、区域金融主体的空间依赖和空间相互作用、区域金融一体化的演化趋势等诸多领域的问题有待解决，但当前国内相关研究还不够充分；同时，国内学者在区域金融主体的划分上，基本上是遵循"东、中、西"大区或者省级行政区的划分方式，缺乏更为细致的研究。本书采用金融地理学、区域经济学的前沿理论，利用地理统计学、空间计量学等技术手段，对我国区域经济与区域金融的空间差异、空间过程和空间的相互作用进行多角度细致剖析，还突破了现有成果中对研究区域的划分，深入地市级层面研究经济实体在地理空间上的相互依赖和空间集聚，将研究视角从"行政区金融"向"经济区金融"转换。本研究在很大程度上将区域经济学、经济地理学、金融地理学、空间经济学等相关理论和方法综合利用、交叉运用，是对金融学研究范畴的扩展和完善补充。

考虑到中国金融改革和发展对我国经济发展的重要性，以及从世界角度看中国区域金融的典型性和特殊性，借鉴西方相关学科研究的前沿理论和方法，大力开展我国的区域金融研究，对国内区域金融资源分布与结构、区域金融发展、金融地域运动、金融集聚等进行全面透析，在理论上揭示"金融运动与地域空间关系"的金融地域运动规律，对于弥补当前我国区域金融理论研究中的不足，促进我国区域金融学和区域经济学、金融地理学等相关学科的发展具有重要意义。

（二）实践意义

在中国经济改革和发展过程中，经济结构演变不仅表现为产业结构的转换，而且表现在区域经济的非均衡发展和经济发展水平差异的扩大。金融在现代市场经济中表现出强大的作用力、渗透力和推动力，金融发展构成了现代市场经济发展的最重要方面。因此，区域经济差距的扩大与区域金融结构与金融发展的变动有着密切的联系。显然，探讨和研究区域金融结构和金融发展的变动规律，对协调区际经济利益和缩小区域经济差距具有重大的现实意义。

可以预见，在中国未来经济中，区域经济将扮演非常重要的角色，区域合作将进一步朝着纵深发展，要想实现区域经济在更大范围、更广领域、更高层次上的融合，金融的核心和主导作用不可或缺。经济发展迫切需要金融资源在更广泛的范围内自由流动，实现区域联动。然而由于行政区划、金融监管和金融机构内部垂直管理，各经济区域一直存在金融资本断裂的状况。本书的研究成果，除了在理论上为我国区域经济发展中金融的推动和引导作用提供理论解释，在应用上也将为建立区域金融合作的新机制、推进区域金融服务的便利化、加快区域金融资源的优化配置、加强区域金融的基础设施建设、共同防范化解金融风险方面奠定基础。一方面，将有利于我国金融业自身抓住机遇，优化资源配置，创新金融服务，改善金融监管，防范金融风险，不断提高区域金融业的整体实力和竞争力，在经济金融化、金融全球化趋势日益明显的国际竞争中立于不败之地。另一方面，只有让金融在区域资源流动中更好地发挥配置导向和市场调控作用，为区域经济社会发展提供更加多样、更加便利、更加完善的金融服务，为区域经济持续健康发展拓展平台，创造发展条件，抓住新的发展机遇，实现金融和经济协调发展，我国区域经济发展才能不断取得更大成效。

三、研究方法

本研究的理论依托是相关的经济金融理论研究成果以及众多学者采用金融发展理论在区域经济发展方面较为分散的研究成果，主要包括区域经济学相关理论、经济地理学相关理论和金融地理学等相关研究成果。在研究技术和方法上，主要采用了：

一是相关理论借鉴与引申的方法。由于目前区域金融理论体系本身尚处于创建阶段，没有形成独立的分析框架，因而在研究过程当中必然要采用借鉴作为依托的相关理论并加以引申的方法。这种方法本身不仅符合学科创建规律，而且也是分析新生问题时所必需的。对区域金融的研究始于对金融发展一般理论的概括和分析，区域金融是将金融置于区域范畴，分析金融在空间上的结构形态与作用机制，这又与区位理论、金融地理学理论的研究紧密相关。本书在研究金融发展差距的发展趋势问题时又将从区域经济发展理论中吸收必要的理论精华，因此在研究区域金融时需要借鉴大量的相关理论。

二是比较分析的方法。区域金融发展差异与聚集及其变动规律是本书分析与研究的重点。不同地区、不同时期的金融结构差异及其变动规律是本书分析和研究的对象，本书将进行大量的横向比较和纵向比较。

三是计量检验的实证分析方法。为了更具有说服力，本书运用计量经济学方法阐述和说明问题，力争使定性分析建立在对可靠数据和实例进行定量分析的基础上。并在分析的基础上得出相应的结论。区域金融发展差异与聚集的发展趋势意味着大量的计量检验，以此回答区域金融发展的时空规律问题。

四是理论与实际相结合的方法。本书力图使研究既有理论分析的色彩，同时又具有操作性的政策内涵。

另外，还运用了从抽象到具体、从具体到抽象的分析方法，定性和定量的分析方法，动态分析和静态分析方法，其他方法诸如演绎、论证、引证等也有所应用。

四、研究内容及技术路线

本书在对区域经济增长和区域金融增长空间分布规律以及二者关系的研究进行充分回顾、比较、归纳出各研究方法的优缺点基础上，结合当前地理空间效应在相关研究中的最新应用，在巴罗和萨拉·伊·马丁新古典增长模型的基础上，提出了基于区域经济增长趋同的空间分析模型框架。基于省级区域和现有研究较少涉及的地市级区域两个层面，对我国区域经济增长进行全局和局部空间相关性分析，并进一步引入前沿的分布动态方法，对我国区域经济增长的形状和分布特征随时间演变的规律进行了深入的和动态的分析探究，揭示出我国区域经济发展经历了"收敛—发散—收敛"的不断调整过程极其演进机制。为进一步解释我国区域经济收敛机制背后的影响因素，本书对区域金融发展的空间布局和时空演进特征与我国区域经济增长格局的一致性和因果关系进行定量验证，通过将空间计量分析技术与分量回归（quantile regression）技术相结合，对我国区域经济收敛及其金融原因进行了重新审视，论证了区域金融空间分布格局与趋势的变动对区域经济空间分布趋势变动的非均衡影响。同时，本书通过对国家宏观经济政策调节金融发展区域效应进行分析，发现了现行货币政策的统一性存在明显的区域差异，这种差异削弱了对区域经济结构调整的作用甚至会出现矛盾，降低了货币政策执行的有效性，其背后是商业银行微观行为的结果。最后，对促进我国区域金融与区域经济的均衡增长提出了相应的措施建议。

本书的结构安排如下：

绪论。首先介绍本书的研究背景及其理论和现实意义，然后对本书涉及的相关概念进行定义和规范，进而对全文的研究思路、结构安排和主要创新点进行概括。

第一章，区域经济金融发展的时空分布与演进的相关研究进展。收集整理当前区域金融学、金融地理学等相关研究领域的主要文献，在对国内外研究成果做归纳总结的基础上，对研究现状进行评述，提出全文的理论基础。

第二章，区域经济增长的时空分布特征与演进规律分布。采用我国31个省、直辖市和自治区以及289个地级以上城市的面板数据，使用空间探索分析方法和20世纪90年代最新发展的分布动态方法，通过核密度图描述了中国省区经济增长分布的动态形状，对我国区域经济增长的形状和分布特征随时间的演变规律进行分析探究。对我国区域经济发展进程中的地区差异与空间集聚进行探讨，揭示我国改革开放以来地理集聚因素和空间依赖效应一起对区域经济发展产生的重要影响，以及不同地区之间集聚增长的空间差异及其成因。

第三章，区域金融发展与区域经济收敛。对中国区域金融发展的空间布局和时空演进特征进行描述，然后验证区域经济增长格局与区域金融发展状态间的一致性和因果关系，揭示区域金融空间分布格局与趋势的变动对区域经济空间分布趋势变动的影响。根据经济发展与金融发展的相互作用关系，利用面板数据和空间经济计量模型，从地理空间视角来揭示区域金融发展状态对区域经济分布演进规律的影响，通过将空间计量分析技术与分量回归技术相结合，克服了传统研究只能度量外生变量对内生变量的"平均"影响的局限，对我国区域经济收敛及其金融原因进行了重新审视。

第四章，区域金融发展与经济增长的阈效应分析。建立面板数据的阈效应计量分析模型，对区域金融发展与区域经济增长之间的"阈效应"和"阈值点"进行估计检验，揭示了二者间的非线性关系。发现在经济发展水平较高和处于稳态增长的地区，金融发展促进经济增长，并且区域金融发展水平决定了该地区经济增长速度；在达到经济稳态的过程中，地区金融发展水平通过影响金融发展速度进而决定该地区的经济增长，低经济水平地区的金融水平会对当地经济增长形成阻碍。

第五章，货币政策的区域效应及政策建议。对我国宏观经济调控尤其是货币政策实施的空间影响效果进行分析，揭示空间滞后效应的存在如何影响我国区域金融资源和金融结构的配置布局，对我国金融宏观调控提出政策建议。监管部门应通过加强地区金融机构体系固化区域金融资源，建立综合政策调控机制，或制定差异性货币政策工具，避免商业银行微观行为对货币政策信贷传导渠道的不利影响。政策部门要为区域经济的崛起创造良好的政策环境，建立统一金融市场，促进区域金融组织机构发展，构建区域金融体系，加快区域资本市场建设并完善区域金融生态系统的自我调节功能。通过这些手段的综合运用，促进我国区域金融的协调发展进而带动区域经济趋于均衡。

第六章，结论及展望。对全文进行总结，全面归纳本书的主要结论，并指出需要进一步研究的问题展望。

本书的技术路线见图1-1。

图 1-1　本书的技术路线

五、可能的创新之处

本书的创新性成果主要体现在：

（一）分析维度多元叠层化：省级和地市级与空间和时间相结合

本书与现有研究多集中于省区层面和静态描述不同的是，基于省级和地市级两个空间尺度，从空间和时间两个维度，结合 ESDA 和空间计量经济学方法研究我国区域经济的发展问题，不仅对中国区域经济发展格局的主要特征进行了空间探索分析，并引入 20 世纪 90 年代最新发展的分布动态方法，使用当前较为先进的随机核密度估计方法，结合三维图形和等高线图分析，可以弥补马尔可夫转移矩阵计算过程中对人均 GDP 序列任意离散化产生的估计偏差。结果亦表明，中国区域经济水平分布格局的流动性差而持续性强，短期内区域经济增长格局变动不大；但在较长的时期内考察发现，落后省区经济水平与全国平均水平相比，均呈上升趋势，说明随着国家区域经济均衡发展战略的实施，低水平俱乐部的整体发展水平在逐步提高，落后地区的经济发展水平得到发展，大多数地区逐渐接近全国平均水平，表明 20 世纪 90 年代末以来我国实施的区域均衡发展战略有助于落后地区脱离"贫困陷阱"。同时还发现中国省区经济增长的分布形态并非如现有研究中争论的那样呈正"U"型或倒"U"型曲线，而是经历了缩小—扩大—缩小的过程，表现为"S"型，目前我国各地区之间的区域经济发展差距正在缩小。

进一步在分析框架中明确引入空间因素，运用空间马尔可夫链方法和空间条件的随机核密度估计，考察地理空间效应对中国区域经济增长演进的影响。结果表明，区域经济增长格局分布演进明显受空间因素的影响，近邻效应显著，拥有富裕邻区的地区向收入水平较高地区演进的概率较大，使得区域经济增长表现出了局部性的空间俱乐部收敛特征。

（二）分析方法多重复检验化：交互作用机制的使用

通过对我国区域间经济增长状态与金融发展状态的交互作用机制的分析发现，区域间经济发展差距与金融发展差距呈现一致的变动关系，且金融差距大于经济差距，据此初步判断，区域金融发展差距变动是我国区际经济差距变动的重要因素。进一步通过格兰杰（Granger）因果检验表明，三大俱乐部之间对金融资源的吸引和配置强化了三大地区之间的经济差距，而三大地区之间经济差距的拉大也进一步使得金融资源向经济高水平地区聚集，两者互相强化；但在三大经济区内部的省市之间，对于金融资源的吸引力等条件都差不多，因此金融资源分布没有表现出明显的空间倾向，其区域经济与金融的空间分布更受到其他有关因素的影响。

本书进一步将空间计量分析技术与分量回归（quantile regression）技术相结合，克服了传统研究只能度量外生变量对内生变量的"平均"影响的局限，有效克服了现有研究中的局限和不足，对我国区域经济收敛及其金融原因进行了重新审视，不仅研究了收敛方程中系数变化对收敛速度和机制的影响，还进一步分析了解释变量分布的变化对区域经济收敛的影响，这比单纯研究区域金融发展对区域经济收敛的平均影响更有政策含义，得出的结论也更有针对性和目的性。结果表明，在 1978 ~ 1991 年，我国区域经济增长的 β 估计值均为负数，在 1992 ~ 2002 年为正数，在 2003 ~ 2014 年为负数，这与前文发现我国区域经济增长"收敛—发散—收敛"的 S 型增长状态完全一致。在 1978 ~ 1991 年，随着区域经济发展水平由条件分布的低端（低分位数）向高端变化，β 估计值越来越小，表明在此期间我国区域经济发展水平越高的地区，区域经济收敛速度越快；2003 ~ 2014 年，则正好相反，区域经济发展水平越低的地区，经济增长收敛的速度越快，这在一定程度上证明，1978 ~ 1991 年主要是我国发达地区的经济快速增长，而 2003 年以来欠发达地区的经济增速加快，因此 2003

年以来的经济收敛趋势更具均衡意义，这也表明了使用分量回归技术较传统 OLS 方法的优越性所在。

（三）非线性关系的理论与实证论述：多重方法的数据处理

国内对区域金融发展与经济增长关系的研究主要集中在两者之间的线性关系方面，而对二者非线性关系的理论和实证研究都相对缺乏，即使有研究者意识到两者之间可能存在非线性的关系，也由于研究者采取的较为主观的数据处理方式，得出的结论说服力也不强。实际上，样本段的划分应该由模型来决定，而并非人为给定。针对现有研究中存在的不足，本书建立了面板数据的阈效应计量分析模型，利用中国 31 个省份 1978～2014 年的数据，对区域金融发展与区域经济增长之间的"阈效应"和"阈值点"进行估计检验，揭示了二者间的非线性关系。实证分析结果表明，区域金融发展与区域经济增长关系具有显著的阈效应，在经济发展水平较高和处于稳态增长的地区，金融发展促进经济增长，并且区域金融发展水平决定了该地区经济增长速度；在达到经济稳态的过程中，地区金融发展水平通过影响金融发展速度进而决定该地区的经济增长，低经济水平地区的金融水平会对当地经济增长形成阻碍。

（四）实证检验结果的政策应用创新：多重效用的政策构建

由于区域金融发展水平是区域经济收敛的关键影响因素，因此政府可以通过宏观调控手段影响金融资源的区域配置，进而实现通过调控金融来促进经济均衡发展的目标，但是在地区层面上，其执行效果存在很大的区域效应。货币政策实施效果的地区差异必定与我国区域间的地理位置和空间关系有关。与现有的研究相比，一方面，本书的分析视角深入省际区域的角度，相比当前大部分研究简单地从东、中、西部划分经济区域进行分析更为详尽；另一方面，本书从金融地理的视角出发，强调了地理空间效应在区域信贷投放中的作用，弥补了国内相关研究的不足。现行货币政策的统一性存在明显的区域差异，这种差异削弱了对区域经济结构调整的作用，降低了货币政策执行的有效性，其背后是商业银行微观行为的结果。货币政策从中央银行传导至商业银行后，商业银行总行向分支机构传导的过程中，由于货币政策信贷传导渠道的有效性依赖银行体系的稳健与充分的竞争，会导致货币政策信号被误解、扭曲和削弱，影响货币政策的传导效果；同时，商业银行信贷集中的趋势与货币政策传导存在冲突。货币数量控制政策和价格控制政策，对区域信贷投放作用效果不完全一样，甚至可能出现矛盾，从对中长期贷款的影响来看，提高利率会抑制国内中长期贷款增速，而存款准备金政策则具有相反的作用；二者的交替使用并未能起到预期的效果，反而使得货币政策相互抵消、减弱，因此从实际效果看，这些措施的作用受到限制，对此，国家有关部门和银行监管部门必须给予高度重视，应通过加强地区金融机构体系固化区域金融资源，建立综合政策调控机制，或制定差异性货币政策工具，避免商业银行微观行为对货币政策信贷传导渠道的不利影响。

第一章 区域经济金融发展的时空分布与演进的相关研究进展

落后地区经济、金融发展能否赶上发达区域是一个非常重要的经济社会问题，一直是公共政策关注的焦点，因此国家或区域层面上的经济、金融增长收敛性问题，也是区域增长理论及其经验研究的一个重点领域。对相关文献进行归纳和梳理，目的在于为本书的研究寻找一个恰当的逻辑起点。本章分别对区域经济增长和区域金融增长空间分布规律以及二者关系的研究进行回顾、比较，归纳出各研究方法的优缺点，并对当前地理空间效应在相关研究中的最新应用进行回顾梳理，指出其主要研究进展和发展趋势，最后在归纳总结现有研究的基础上给出本书的出发点。

第一节 区域经济增长的分布与演进趋势研究进展

国内外学者对区域经济增长分布与演进的研究主要围绕四条主线展开：一是对区域经济增长差异与收敛基础理论的建构，二是对区域经济增长分布差异格局统计指标的检验，三是对区域经济增长收敛（σ 收敛、β 收敛、俱乐部收敛）的深入探讨，四是对区域增长差异与收敛成因的扩展研究（截面数据、时间序列、面板数据、马尔可夫链分析等）。总体上，古典经济理论认为经济增长速度与经济增长的起点负相关，即经济落后区域增长速度更快，因而区域间经济增长的不平衡会随着时间推移逐步收敛。但新增长理论对此提出质疑，认为区域经济增长并不存在收敛性，而是存在"富者愈富、贫者愈贫"的马太效应，即更多表现为发散特征。同时，经验研究中既存在区域经济增长收敛的证据，也存在区域经济增长发散的情况。

一、区域经济增长收敛的相关研究

(一) 区域经济增长收敛的相关理论研究进展

拉姆齐（Ramsey，1928）最早开始对经济增长收敛的研究[5]，认为对于一个封闭经济体，各地区经济增速可能与经济发展水平负相关，即落后地区增速将高于发达地区，会出现经济收敛。美国经济学家洛斯和蒂博特（D. C. North and C. Tiebout，1955）的输出理论认为[6]，地区经济增长主要是由其对外部世界需求的反应决定的，外部需求扩大，会带动区域内输出产业和服务业的发展，随着时间的推移，生产将趋于分散于各地，人均产出在区域间收敛。但输出理论只单方面考虑了需求的作用，忽视了供给因素，且只适合解释相对较小区域的经济增长，当区域的空间范围过大时就无能为力。20 世纪 60 年代中期索洛（Solow，1956）、斯万（Swan，1956）提出新古典增长理论[7]，从供给方的区域生产能力角度，围绕生产函数和资本积累方程建模，认为由于要素的边际收益递减和规模收益不变，经济的长期增长取决于外生的技术进步，区域经济增长将最终收敛，因此随着时间的推移，区域间人均经济发展差距将会缩小或消失，从而实现增长的均衡，并把这种可能的现象称为经济增长的收敛（convergence）。新古典增长理论对于解释国家或区域间经济增长差异问题提供了强有力的理论依据，并将动态一般均衡分析方法引入增长研究中，提供了一个有力的分析工具，其缜密的分析框架和精致的建模技术为进一步研究提供了基础。此后，国家之间或区域之间的差距及其动态变化趋势，就成为经济增长理论关注的话题之一。

在 20 世纪 80 年代末，经济增长收敛与否成为新古典增长理论与刚出现的新增长理论的重要验证工具，同时由于国际间和区域间可比较 GDP 数据增多，以及一些新研究方法的出现，使得经济学家对经济增长收敛问题产生了浓厚兴趣，成为主流经济理论和众多经济学家研究的重点。随着对收敛研究的逐步发展深化，学者们逐渐把收敛情况进一步细分为 σ 收敛、β 收敛和俱乐部收敛。其中 σ 收敛与横截面数据相关，是指区域之间相对经济水平分异程度（一般指离差）随着时间的推移不断减小，表现了国家或地区间经济增长整体格局的变化。β 收敛与时间序列相关，指区域的经济增长速度与其初始水平负相关，又分为绝对 β 收敛和条件 β 收敛。绝对 β 收敛指各经济体之间表现出具有相同或者相似的稳态，即经济增长仅与初始发展水平有关。条件 β 收敛指各地区之间由于自然条件、储蓄倾向、技术偏好等不同而不存在共同的稳态，但若加入一些控制变量（如储蓄率、人力资本等）后，初始经济水平与经济增长率之间会出现有条件的负相关关系。俱乐部收敛指一定条件下，具有相同的人力资本、市场开放度等结构特征的经济体之间逐渐走向收敛，而不同俱乐部之间则可能走向分异。

经济增长收敛假说的实证研究在这一时期也得到较快发展。鲍莫尔（Baumol，1986）收集整理了 16 个工业化国家 1870～1978 年的人均收入数据[8]，分析认为，在 16 个较富裕的工业化国家间显示了非常明显的增长收敛性。但欧隆（Oelong，1988）在把样本扩展到非工业化国家后分析发现，如果包括了更广泛的样本，则并不存在显著的收敛趋势[9]。巴罗和萨拉·伊·马丁（1991）[10]等对美国以及欧洲等发达国家进行 β 收敛的实证检验，发现发达国家的确存在着赶超和收敛的趋势，落后区域增长速度确实较发达区域更快，其赶超速度约为年均 2%，因此该结论支持了新古典经济增长理论的结论。曼丘、罗马和韦尔（Mankiw、Rome and Weil，1992）[11]等人利用附加了人力资本的索罗模型也得到与之相近的结论。此外，包括道里克（Dowriek，1989）[12]、卡德纳斯（Cardenas，1995）[13]、库隆布（Coulombe，2000）[14]等人的分析也都支持了巴罗、曼丘等人的结论。β 收敛模型成为此后的许多学者验证各国或区域经济收敛情况的常用手段，并普遍认为不同形式的 β 收敛对应着不同的政策含义：绝对收敛意味着收入差异自行减少，因此政策的制订者只需关注收敛速度快慢的问题；而条件收敛与区域结构性因素密切相关，包括人力资本、贸易与外国直接投资等，因此要求政策制定者实施恰当的区域政策以改善落后区域的经济基础结构，条件 β 收敛在大多数实证研究中被证实。

但费里德曼（Friedman，1994）[15]、奎哈（Quah，1996）[16]、坦普尔（Temple，1999）[17]等对 β 收敛和 σ 收敛提出了质疑，他们认为，β 收敛检验可能会出现向均值回归的高尔顿谬误（Galton's fallacy），且面临异方差、内生性和测量等诸多问题。奎哈（1996）还指出，从收敛的含义来看，重要的是经济体间横截面经济绩效的比较，而非每个经济体与其自身稳定状态的比较，因此 β 收敛研究偏离了经济增长收敛研究的初衷，不应作为检验收敛的方法。奎哈（1997）[18]进一步的分析发现，基于截面数据的人均收入分布并非简单的收敛或者趋异，而是表现为"双峰模式"，即富裕的地区和贫穷地区各自逐渐走向收敛，两类地区之间却逐渐趋异，处于中间层次的区域不断减少，即出现了"俱乐部收敛"的现象。随后，阿兰德斯多格斯（Alain Desdoigts，1999）[19]证实了 OECD 国家和非 OECD 国家内部收敛俱乐部的存在，并初步探索了这些俱乐部的形成机制。法比奥·卡纳瓦（Fabio Canova，2000）[20]运用预测密度方法通过对欧洲和 OECD 国家数据进行检验，证明了人均收入层面上的收敛俱乐部的存在，认为欧洲国家的稳态集群分布于四个各具吸引力特色的"极核"周围，OECD 国家集群则分布于两个"极核"周围。罗多夫切尔梅诺 Rodolfo Cermeno（2002）[21]运用马尔可夫转移模型不仅验证了收敛俱乐部的存在，而且证实了低增长俱乐部表现出高挥发性和不稳定性特征，而高增长俱乐部却相对稳定。在验证了俱乐部收敛的存在之后，部分学者以不同的视角开始进一步研究俱乐部收敛的成因和机制。加洛尔（Galor）将这种现象归结为微观层面上的劳动要素禀赋的差异[22]，德尔多夫（Deardorff，2006）则以专业化和国际贸易为背景解释俱乐部收敛存在的原因，另外还有部分学者从战略性资源存在进入门槛、非凸性或收益递增、偏好和技术的相似性、政府政策等方面对俱乐部收敛的成因加以分析[23]。但迄今为止，尚未形成完善的解释俱乐部收敛成因的理论框架。

随着经济计量技术的发展，区域经济增长收敛研究的模型日趋复杂。伊斯兰（Islam，1995）[24]运用动态面板数据模型重构检验经济增长收敛的新古典模型，该方法的优势在于考虑了不同经济体之间生产函数的差异，因此在增长回归的过程中可以识别个体效应，他还进一步指出面板数据分析既能保持与新古典增长理论的结论一致，又能解决有关问题，因此建议采用面板数据模型分析此类问题。此后，伯纳德和杜劳夫（Bernard and Durlauf，1996）[25]以 OECO 各国各产业劳动生产率为对象、伊万斯（Evans，1996）[26]以世界各国劳动生产率为对象，均运用面板数据单位根检验的方法，来进行接近于横断面分析概念的时间序列分析。伯纳德和杜劳夫（1996）、奎哈（1996）[27]等也指出，基于回归的经济增长收敛分析，只不过是抓住了收敛的一个侧面，即解释了经济追赶的过程而已。另外一种思路则注重研究在时间序列层面的区域增长演进变化，如奎哈（1993）[28]建议可以采用马尔可夫链（Markov Chain）方法分析区域经济增长动态变化，并采用该模型对欧洲经济发展进行经验分析，认为世界经济最后会收敛为一个稳定状态，即分化为富国和穷国两大阵营，而中等收入水平这一类国家将慢慢消失。但芬格尔顿（Fingleton，1997）[29]认为马尔可夫链方法也存在许多不足，该模型缺乏清晰的理论基础，且忽视了区域之间的相互作用及与之相伴随的"黏性"，之后他在新经济地理学和新增长理论基础上，提出了一种动态空间计量经济分析方法，考虑了区域之间相互作用，用于分析区域生产增长率动态变化[30]。

（二）区域经济增长收敛在中国的验证及进展

1978 年以来，我国分阶段逐步推行的改革开放政策对各区域的影响存在很大差异，不同区域经济增长是否收敛引起了社会各界的广泛关注。当前有关中国区域发展的收敛现象研究多集中在所谓的 β 收敛上，既包括绝对收敛，又包括条件收敛。陈和弗莱金（Chen and Fleisher，1996）[31]运用索罗经济增长模型发现，改革开放前我国区域人均产出呈发散趋势，而 1978～1993 年中国各省份人均 GDP 增长存在着条件收敛，取决于物质资本的分享、就业增长、人力资本投资、外商直接投资和区位条件，收敛速度为 5.7% 左右，而魏后凯（1997）[32]通过计算得出我国区域经济收敛速度为 2%。宋学明（1996）[33]分析认为 1978 年我国各区域人均收入与1978～1992 年经济增长率呈反向关系，即使把 1978 年工业生产总值中国有产值占比超过 60% 的省份与其他省份分离以后，增长收敛假说仍然适用。简、萨克斯和华纳（Jian，Sachs and Warner，1996）[34]认为，改革开放后中国区域经济增长出现了明显的收敛，且收敛性在国际贸易和资本流动自由化发展快的沿海区域尤为显著。赖泽尔（Raiser，1998）[35]认为中国经济增长在 1978～1992 年存在收敛，其中 1984～1989 年存在弱收敛，但 1985～1992 年收敛不太显著。张胜、郭军、陈金贤（2001）[36]认为我国改革开放前存在绝对收敛，而改革开放后不存在绝对收敛，绝对收敛模型在经济增长条件同质的区域具有较强的预测力。但德莫格（Dmurger，2001）[37]在标准的巴罗模型框架下使用 1985～1999 年我国 24 个省的面板数据，检验索罗模型在不同条件下稳态均衡的条件收敛变量，发现省域之间不存在绝对收敛，但可能存在条件收敛。罗仁福、李小建和覃成林（2002）[38]分析了我国 1978～1999 年各省区经济的收敛问题，指出各区域之间条件收敛的速度大约为 4.5%，东部地区经济增长的收敛大部分已经达到或接近其稳定状态，而西部区域则多在稳定状态附近波动。威克斯和姚（Weeks and Yao，2003）[39]采用面板数据方法，使用中国 1953～1978 年和 1978～1997 年省级劳动力和资本数据，在新古典增长 MRW 模型（格里高利·曼昆、大卫·罗默及大卫·威尔模型）框架下进行 OLS（最小二乘法估计）和 GMM（广义矩方法）估计，发现中国经济增长在1953～1978 年和 1978～1997 年两个时期均存在条件收敛趋势，在改革开放前后分别以 0.4% 和 3% 的速度收敛。另外一些学者的研究却表明中国经济不存在收敛趋势。张宗义（2001）[40]采用真实人均 GDP 指标分析1952～1997 年间中国区域差距的收敛性问题，结果表明中国区域差距在扩大，而不会收敛。林毅夫等人（1998）[41]的研究也指出我国改革开放以来区域差异不仅存在，而且有继续扩大的趋势，王绍光和胡鞍钢（1999）[42]的研究得出了相类似的结论。王志刚（2004）[43]得出了与迈卡威（2000）基本一致的研究结论，但收敛速度测算结果仅为0.053%，按此速度中国经济达到其长期均衡状态大约需要310年，因此他对中国经济增长的条件收敛性提出了质疑，在指出截面数据分析的弊端后，面板数据研究表明中国经济总的来说不存在条件收敛，区域间差异在不断扩大，但不排除区域内部的条件收敛性。

还有部分学者从东、中、西部等区域层面对中国区域经济增长中的俱乐部收敛进行了分析研究。蔡昉等（2000）[44]研究认为中国改革以来，区域经济发展中不存在普遍收敛现象，但形成了东部、中部和西部区域三个收敛俱乐部。张、刘和姚（Zhang，Liu and Yao，2001）[40]利用基尼系数、区域之间的人均收入比率、变异系数等研究中国1952~1997年区域人均GDP收敛性发现，中国东部和西部已经收敛于其特定的稳态，但中部地区是加入已形成的俱乐部（低收入增长区域）俱乐部还是形成自己特有的俱乐部尚待检验，中国正在重新形成不同的收敛俱乐部。王铮和葛昭攀（2002）[45]依据新经济增长理论分析发现，中国东中西经济发展分别收敛于不同的均衡点，目前研究从整体上已经开始出现转向经济收敛、同步发展的关键时期，但能否收敛与下一步的区域投资政策有关。周玉翠等（2002）[46]以人均GDP为测度指标，定量研究了20世纪90年代以来中国省际经济差异的动态变化特征，结果表明省际差异明显增大，沿海与内陆的差异扩大，而沿海各省市之间差异有缩小的趋势；表明中国并没有出现整体收敛，而是在某种程度上出现了各大区域"俱乐部收敛"情况。但刘夏明、魏英琪和李国平（2004）[47]在对我国区域经济增长差异与收敛相关研究的总结中认为，中国地区经济的总体差距主要来自沿海和内陆地区的差距，在各地区内部不存在所谓的俱乐部收敛。丁重任（2006）认为我国三大经济地带的划分主要基于两个特殊情况：经济增长的"反梯度"特征和跳跃式的发展与国民经济实际增长情况之间的差距和分离趋势①。

二、区域经济增长差异的相关研究进展

（一）区域经济增长差异的相关研究进展

虽然在新古典框架内经济增长收敛在一定程度上得到证实，但新古典

---

① 丁任重：《论中国区域经济布局新特征——兼评梯度推移理论》，载于《经济学动态》，2006年第12期。

增长理论和区域经济增长收敛假说不断遭到后续研究的质疑，同时有经验分析也表明，第二次世界大战后工业化国家与发展中国家的经济差距日益扩大，多数发展中国家持续的贫困，因此并不符合新古典增长模型的预测。以罗马（Romer，1986）[48]和卢卡斯（Lucas，1988）[49]为代表的新增长理论认为经济增长将会趋异。他们认为，经济长期增长的最终源泉，在于通过不变或递增的规模收益以及溢出效应所形成的物质资本、人力资本、知识资本的内生累积，拥有上述资本较多区域的增长速度会快于所拥有的资本相对较少的区域，于是区域差距不仅存在而且还会拉大。

20世纪90年代以来，对区域差异及增长收敛的研究进入了一个新的阶段。在理论分析方面，经济学者们开始使用新理论的角度进行规范分析。有关区域增长差距的理论学说有许多种。分别是扩散效应理论（trick-down approach）、累积性因果循环理论（cumulative causation model）和内生经济增长理论（endogenous growth theory）。在这三种理论学说中，前两种学说强调需求因素，而后一种则强调经济的供给因素[50]。

扩散效应理论认为，资金首先会大量投放在经济体的一个特定区域，一旦这些区域发展起来之后，其对于另外区域商品和服务的需求会增加，从而产生从该区域到其他区域的技术知识扩散，最终其他区域会通过这种扩散效应或溢出效应而受益。一旦先进区域的生产成本上升到其他区域能有效与其竞争的时候，区域差距将会缩小[51]，因此区域增长差距在短期内存在，但在长期将消失。该理论支持优先发展特定区域的发展战略。但不足之处是区域间存在回波效应的可能，即在优先发展区域的经济发展之后，其他区域的资源还会源源不断地流向该区域，而这正是累积因果模型的理论核心之一。

缪尔达尔提出了累积因果关系理论，卡尔多、迪克逊和瑟尔沃尔等进一步深化和完善了相关理论。他们认识到溢出效应和回波效应的同时存在，但强调后者通常比前者更大，原因在于在一个动态的社会经济发展过程中，各种因素互相影响、互为因果，因果效应会累积循环，从而强化最初的因素并导致经济发展过程沿着初始方向发展。累积因果关系理论分析了自发的市场力量使区域差距不断扩大的机制，解释了区域经济长期的增长差距，但由于其缺乏严密的理论体系，难以进行实际验证，未能系统论证扩散效应与回波效应的相互作用，过分强调不发达区域的不利地位和被动地位，忽视其潜在的发展优势与力量，从而使结论的说服力受到影响[52]。

上述理论得出区域经济增长趋异的结论，最初是作为新古典理论的对立面发展形成的，但由于缺乏系统的模型表述，更没有触及新古典理论的核心，所以对新古典理论的批评没有引起多大反响。内生增长理论从一般均衡出发，修改了新古典增长模型的一些假定，把技术进步和创新内生化，强调知识溢出是经济增长的引擎，得出了区域增长趋异的预测，且得到了许多经验事实的支持，为理解国家和区域经济增长过程提供了一个较好的范式。同时，它认识到政府对长期增长率的影响，为政府介入国家和区域经济增长提供了理论依据。

在实证上，20世纪六七十年代各国学者主要以统计指标为基础，分析不同国家内区域发展差异的大小及其变动趋势。80年代以后，随着官方统计数据的大量公布和计算机技术的迅速发展，学术界开始逐步走向计量化，运用新方法对区域差异的构成与来源进行分解，以揭示引起区域差异变动的一些主要因素。在研究中主要采用的指标包括：对基尼系数进行分解来分析区域之间的增长与收入差异、用加权变异系数来对区域差异的产业或部门构成进行分解、用泰尔（Theil）指数和广义熵指数方法，对区域差异的地理构成进行分解等。

（二）国际学术界对中国区域经济增长差异的验证及进展

总体上讲，各国对区域经济差距问题的关注程度是不相同的，这与国家地理范围以及区域差距的程度等因素有关。中国人口众多、地域辽阔、资源分布不均衡、市场和技术差异较大，不同区域的经济禀赋和增长点各不相同，受自然条件和社会经济条件等诸多因素的影响，区域经济发展不平衡是一个长期存在的现象，即东部区域相对发达，西部区域欠发达。改革开放以来，中国经济取得了长足的发展，然而东西部区域之间的差异依然很大，基于此，利用收敛或发散理论来研究中国的区域经济增长问题，更具有迫切性和重大的现实意义。因此国内外学术界都对中国区域经济增长差异表现出浓厚的研究兴趣。

20世纪70年代以来，越来越多的外国学者开始关注研究中国区域经济差异问题。尼古拉斯·拉迪（Nicholas Lardy，1978）研究了改革开放以前中国乡村与城市、农业与工业、内陆与沿海之间的产出与收入差距，由于数据和信息有限，他认为中国各区域收入差距未出现扩大趋势[53]。20世纪80年代以后，随着中国官方数据的大量公布和新兴研究方法的采用，国外一些学者对改革开放以后的中国区域经济发展差异进行了持续的研究。利普特和维克特（Lippit and Victor D.，1987）研究认为中国各省区之间的相对收入差异明显地缩小，比起其他欠发达国家，中国取得了明显的进步[54]。里斯金（Riskin）的研究也表明，改革开放以前中国各省间的相对差异缩小，与其他欠发达国家相比，区域经济发展更为均衡[55]。与之相反，弗里德曼（Friedman，1987）[56]和塞尔登（Selden，1988）[57]却认为，改革开放以前中国区域发展差异在扩大。阿格尼耶（Aguignier，1988）[58]和杨（Yang，1990）[59]对中国区域发展战略模式及其演变原因进行了分析，认为中国实施的不平衡发展政策加大了东西部的发展差异。

20世纪90年代以后，研究者们开始采用一些新的方法，对中国区域差异的构成与来源从更深层次上进行分析。里昂（Lyons，1991）首次使用了中国国家统计局公布的数据，分析了1952~1987年中国各个区域人均净产值差异的变化情况，发现在"大跃进"（1958~1960年）和"文革"（1956~1976年）时期相对差异扩大，但在1978~1987年间区域增长差异在缩小[60]。津井和凯元（Tsui and KaiYuen，1991）采用人均国民收入指标进行分析，发现中国区域差异在1970年前较小，1970年之后，尽管存在着强有力的财政转移机制，但区域间发展差距反而有所扩大[61]，他随后又进一步利用县级数据，把中国区域差距分解为省内差异、省际差异、农村内部差异、城市内部差异和城乡差距，发现中国的城乡差距对区域间产值差异的影响十分显著[62]。简添伦（Tianlun Jian）使用较长的时间序列，研究发现在1952~1965年期间，中国各省份的真实收入没有表现出较强的收敛或发散趋势，"文革"期间区域差异趋于扩大，1978年后区域收入差距趋于平衡，从1990年开始，尽管沿海省份继续趋于收敛，但沿海省份发展速度大大超过内陆，因此区域收入差异又开始发散[63]。斯科特·鲁塞尔（Scott Rozelle，1994）利用基尼系数分解发现1984~1989年期间中国东部沿海省际差异急剧扩大，其原因在于农村工业化的发展不平衡[64]。英隆根（Long Gen Ying）利用人均GDP指标，对泰尔指数分解后发现1978~1994年期间中国区域发展差异的变化过程呈现"U"型曲线，1990年以前，沿海与内陆差异减小，1990年之后差异扩大[65]。藤田昌久和胡大鹏（Masahisa Fujita and Da Peng Hu，2001）用GDP和工业总产值对泰尔指数分解发现沿海与内地之间的差异扩大，区域之间没有显示出绝对β收敛的迹象，虽然沿海区域差异缩小，但是工业仍然向沿海集中，并从区域发展政策、全球化和经济自由化等方面揭示了差异变化的原因[66]。吉姆（Kim）的研究表明，改革开放以来沿海区域农业、工业、建筑业和交通业的差异对中国区域经济总体差异的贡献要明显地大于内陆地区[67]。巴蒂斯（Batisse，2002）运用中国1988~1994年29个省域的30个产业部门的面板数据增长模型，研究了区域专业化、产业多样化及竞争的动态外部性是否对样本期间的省域的产业产生影响，认为动态外部性是区域经济增长差异的主因[68]。拉维·坎伯（Ravi Kanbur）对基尼系数和泰尔系数进行分解，发现在 1983～1995 年期间，农村与城市之间的差异大于沿海与内陆之间的差异[69]。上述学者大部分研究表明，中国区域经济增长存在一定差异，其中工业与农业差异、城市与农村差异、东部和中西部差异或沿海与内陆差异是中国区域经济增长差异的主要表现。

近年来，国外学者如，弗莱舍（Fleisher et al，2010）①、约翰·奎格利（John Quigley，2013）② 和梅迪科桑迪（Meidi Kosandi，2013）③ 弗莱舍的研究基于中国省级层面的截面数据的分析认为区域经济增长的差异与不均衡的一个重要的因素是人力资本因素的差异。后位学者基于贝叶斯数理模型对我国区域经济发展要素之间相关性的研究，研究认为这种相关性结果的界定可以有效预测区域经济增长的波动性、特征和预期增长水平等。

（三）国内学者对中国经济增长差异的检验及进展

在国内，许多学者也利用各种统计指标对我国区域间经济差异程度进行了较为精确地测算，但研究结果存在较多分歧。杨开忠（1994）利用人均国民收入的变异系数和加权变异系数指标分析认为，以 1978 年为转折，改革开放之后中国的区域差距在逐渐拉大[70]。袁钢明（1996）计算了 1978～1994 年人均 GDP 的变异系数和加权变异系数，发现除 1983 年有短暂的下降外，总体上呈扩大之势[71]。魏后凯和刘楷（1997）认为 1978～1992 年间我国三大地带的经济实力都有所提高，但中西部的发展程度明显滞后，与东部的差异在不断扩大，并且这种趋势仍将持续[72]。林毅夫（1998）[41]、王绍光等（1999）[42]也指出我国改革开放以来区域差异不仅存在，而且有继续扩大的趋势。沈坤荣、耿强（2001）[73]使用我国 1987～1998 年间的数据构建了内生增长模型，结果表明我国区域经济呈扩散态势，FDI 在区域间的不平衡分布是区域间不平衡发展的重要因素。罗守贵、高汝熹（2005）[74]运用省区人均 GDP、城镇居民人均可支配收入和农村居民人均纯收入数据计算了我国三大区域 1978～2003 年的基尼系数，发现我国区域经济差异很大并且呈不断上升的趋势，但杨伟民

① Fleisher，Belton. Li，Haizheng. Zhao，Min Qiang. Human capital，economic growth，and regional inequality in China［J］. Journal of Development Economics，2010（92）：214 –231.

② John Quigley、Kevin J. Wilson、Lesley Walls Tim Bedford. A Bayes Linear Bayes Method for Estimation of Correlated Event Rates. Risk Analysis 2013，Vol. 33，Isu. 12，209 –224.

③ Meidi Kosandi. Shifting Paradigms and Dynamics of Indonesia – China Relations：Toward the Best Use of Theoretical Eclecticism. Asian Politics&Policy 2013，Vol. 5，Isu. 2，183 –210.

（1992）[75]、李二玲、覃成林（2002）[76]的研究结论却得出了相反的结论。如杨伟民发现 1989 年洛仑兹曲线与对角斜线之间的面积要小于 1978 年洛仑兹曲线与对角线相间的面积，因而据此推论，改革开放以来我国的区域差距不是扩大而是缩小；李二玲、谭成林（2002）利用 1978~2000 年人均 GDP 数据计算了我国各省份间的加权变异系数，发现改革开放以来，中国南北区域之间的经济相对差异基本呈缩小趋势，1993 年以后南北区域之间的经济增长速度呈现出趋同。

与之相对应的是，多数研究者认为改革开放后中国区域经济差距的演变并不是单调的，认为我国区域经济增长差异存在先缩小后扩大的"U"型曲线。如宋德勇（1998）[77]从收入水平的角度，采用泰尔系数分解方法发现全国区域差距水平呈"U"型，且在 1990 年出现拐点。刘强（2001）[78]也认为我国区域经济增长的收敛性存在着明显的阶段性和区域性，不同区域间的产出差异与宏观经济波动状态存在着正相关关系。林毅夫、刘培林（2003）[79]利用我国各省的人均 GDP 和劳均 GDP 计算了 1978~1999 年东、中、西部区域的基尼系数，认为为各区域间经济差距呈现先减少后增加的"U"型趋势，基尼系数曲线的拐点出现在 1990 年。贺灿飞、梁进社（2004）[80]对泰尔系数指数进行了多层次分解，并测度了 1952~2002 年中国东、中、西部区域以及区域内部各省份间的经济差距，实证结果显示区域间的经济差距呈现上升趋势，东、西部区域内部各省份间的经济差距较大，而中部区域内部各省间的经济差距较小，全国各省份间的经济差距从 1978 年以来呈先减小后扩大的"U"型变化趋势。徐建华等（2005）[81]运用多阶段泰尔（Theil）系数嵌套分解法和小波分析法，认为在省级层面上，东部省际之间差异的变化趋势和全国的变化趋势基本是一致的，但是三大地带之间差异一直在增大；在地级层面上，省内差异是全国整体差异的重要构成部分。中国区域经济差异的变化过程，在大时间尺度（譬如 24 年）水平上，基本上服从"倒 U 型"曲线规律，但是小时间尺度（譬如 23 年或 22 年）水平上来看，则呈现为一条由几个倒 U 与 U 型曲线首尾相接的"复合倒'U'型曲线"。段平忠、刘传江（2005）[82]利用我国各省区人均 GDP 数据计算了 1978~2003 年各省基尼系数和泰尔系数，计算结果显示改革开放以来我国区域经济增长在 1990 年以前呈现收敛趋势，在 1990 年之后呈发散趋势；且利用基尼系数度量的区域间经济差距要大于利用泰尔系数度量的区域经济差异。石磊、高帆（2006）[83]采用多个统计指标分析发现人均 GDP 基尼系数、人均 GDP 基尼系数和人均 GDP 变异系数具有很强的一致性，均显示出我国区域经济差距呈现出先减后增的"U"型变化轨迹，拐点亦出现在 1990 年；但利用变异系数度量的区域差距要显著大于利用基尼系数度量的区域差异。刘庆富（2013）①、张晓斌（2013）②、苗洁（2014）③ 和李朋（2014）④ 等继承了国外学者关于贝叶斯模型研究结果对我国经济增长的理论模型进行充分的分析与论证。

相关的进一步研究还发现，俱乐部之间的差异成为我国区域经济增长差异的主因，并呈不断扩大趋势，如蔡昉和都阳（2000）把全国总体差异分解为三大地带内和三大地带之间的差异，结果表明在 1978～1999 间，东部区域内部差异对总体差异的贡献很大，但呈下降趋势；中部区域内部差异对总体差异的贡献很小，也呈下降趋势；西部区域内部差异对总体差距的贡献微不足道，且呈相同的下降趋势；东中西部之间的差异对总体差异的贡献非常大，趋于明显提高[44]。

部分学者对我国区域经济增长差异的原因进行了分析：陈国阶（1997）认为我国东中西部经济发展差异的形成和扩展是历史、自然、社会等综合因素长期演化的结果，并且现代世界区域经济发展不平衡仍然影响着我国东中西部经济梯度的扩大[84]。魏后凯和刘楷（1997）认为东西部差距的扩大是地理区位的影响、资金投入的增长、产业结构效应、投入产出效果因素、区域发展战略的取向和政府政策的作用等多方面因素综合作用的结果[72]。周民良（2000）认为我国非国有制经济发育程度、经济结构、投资规模、区域优惠政策、区位和经济效益的不同是造成区域差异扩大的主要动因，并分析了其负面效应，提出了缩小区域差异的区域政策建议[85]。马拴友、于红霞（2003）发现，在不考虑转移支付因素时，1995～2000 年我国区域经济不存在收敛，区域差距以 1.2%～2.1% 的速度扩大；在加入转移支付变量时，转移支付不但没有促进区域经济收敛，反而扩大了区域差距，使区域经济以 1.8% 和 2.3% 的速度发散，转移支付未能取得缩小区域差距的效果[86]。

① 刘庆富、张金清：《中国商品期货隔夜信息对日间交易的预测能力》，载于《管理科学学报》，2013 年第 11 期，第 81～94 页。

② 张晓斌、薛巍立、吴术：《基于贝叶斯分类的股市厚尾现象统计分析》，载于《统计与决策》，2013 年第 20 期，第 146～151 页。

③ 苗洁、吴海峰：《中国区域协调发展研究综述》，载于《开发研究》，2014 年第 6 期，第 1～5 页。

④ 李朋、张楠：《叙事空间理论应用对地方经济影响研究》，载于《兰州学刊》，2014 年第 3 期，第 121～125 页。

三、区域经济增长的空间效应研究

（一）区域经济增长收敛与发散的空间效应理论与实证研究进展

在传统的区域经济增长收敛与发散的研究中，如 β 收敛和 σ 收敛检验将区域视为"孤岛（Isolated Islands）"[87]，认为各个区域的增长不受其空间位置或与其他区域的空间联系的影响[88]。虽然理论上预期推进收敛的机制，如外部性、技术扩散、要素流动[89]、转移支付[90]等，具有明显的地理成分[91]，但在使用国家或区域的截面数据或面板数据的收敛性经验研究中，空间效应的作用在很大程度上被忽视了[92]。事实上，在区域经济增长收敛与发散的分析中，空间效应尤其是空间相关性是不能被忽略的。很多因素，如区域间的资金、劳动力等要素流动、商品流通、信息交流以及更广义的区域外溢，会导致区域之间在地理上相互影响。托布勒（Tobler，1979）提出的地理第一定理认为，事物都是彼此联系的，而且与较近事物的联系程度会比较远事物的联系程度更加紧密[93]。因此要科学地揭示区域经济联系和演进过程，必须充分利用数据的空间特性，在空间关系的统计基础上进行相关分析。克鲁格曼的新经济地理学利用收益递增——不完全竞争模型的建模技巧，对空间经济结构与变化过程重新进行了分析，尤其是解决了收益递增与竞争性一般均衡不相容的问题，使空间因素走入了主流经济的分析框架中，为研究区域经济增长提供了新视角和新方法[94]。学者们开始尝试在空间经济视角下，以空间相关为切入点检验区域经济增长中空间效应的存在，并探索区位、空间临近、技术外溢等因素在区域经济收敛或发散中的作用[95]。

空间经济学的发展及新经济地理学的崛起，使得学者们能够在理论上对一些传统假定（均值性、规模报酬不变、无运输成本等）进行重新审视[96]，并使用空间统计和空间计量经济学方法对经典统计和计量经济模型进行修正。其中空间统计的核心就是认识与地理位置相关的数据间的空间依赖、空间关联或空间自相关。国外的学者如克里夫（Cliff）、奥德（Ord. J. K.）、格里菲奥（Griffiho. A）、盖蒂斯（Getis. A）、古德希尔德（Goodehild. M. F）、安塞林（Anselin. L）、穆尔（Moore）等先后对空间统计的一些基本理论做了广泛而深入的探讨，形成了比较成熟的探索性空间数据分析技术（ESDA）。其中克利夫和奥德（Cliff and Ord，1973）[97]基于穆尔（Moran，1948）[98]和惠特尔（Whittle，1954）等人对空间自回归模型做出开拓性工作，突破性地描述了空间自相关，建立了空间经济计量模型、参数估计和检验技术，使得后续的研究者们能从统计学意义上来检验空间单元之间的联系，发展出广泛的模型、参数估计和检验技术，从而使经济计量学建模中综合空间因素变得更加有效。荷兰经济学家佩罗克斯（Paelinck）引用"空间计量经济"（spatial econometrics）一词来指处理区域和跨区域模型中涉及空间自相关估计的应用计量方法研究[99]。安赛琳（Anselin，1988）对空间经济计量学进行了系统的研究，扩展了空间计量经济的含义，他把空间经济计量学定义为"在区域科学模型的统计分析中，研究由空间引起的各种特性的一系列方法。"明确将区域、位置及空间交互影响综合在模型中，并且它们的估计及确定也是参照地理的（即：截面的或时空的）数据，数据可能来自空间上的点，也可能是来自于某个区域，前者对应于经纬坐标，后者对应于区域之间的相对位置[100]。海宁（Haining，1989）[101]和克雷西（Cressie，1993）[102]对空间统计和空间经济计量的研究做了进一步深入和完善。

在经济增长中将地理空间因素纳入经验分析框架体系也只是近年来的事情[103]，尚有许多工作要做[104]。雷伊和蒙图里（Rey and Montouri，1999）[91]在收敛模型中加入空间相邻权重矩阵，从空间计量经济学的角度采用横截面数据研究在相邻区域相互作用的条件下美国经济收敛的状况，认为空间溢出效应促进了美国经济增长的收敛，区域间资金、劳动力的流动、商品流通、技术扩散等使得相邻区域间的经济增长互相联系。安德尼达（Andrada）等人通过对美国南部新英格兰的 559 个镇 1980～1990 年的数据分析，得出了经济增长中的空间收敛俱乐部和空间集群模式，并初步探索了空间相关在收敛中的作用[105]。莫瑟斯（Maurseth，2001）利用空间回归分析法介绍了欧洲经济的收敛性，同时凸显了地理因素的作用[106]。朱利安拉玛霍（Julian Ramajo）等利用欧盟国家的 100 多个区域样本，证明了空间收敛俱乐部的存在[107]。

20 世纪 90 年代，奎哈首次采用非参数估计方法的分布动态法（Model of Explicit Distribution Dynamics，MEDD）研究区域经济发展差距问题，从人均收入分布形状和人均收入内部分布的流动性两个方面评估区域经济增长分布的演进，他通过估计连续年份的区域收入分布密度曲线和马尔可夫转移概率矩阵，分析收入分布动态演进重要特征，包括稳态分布、分布中状态转移的速度以及收敛和极化的趋势等[27]。雷伊（Rey，2001）将经济增长的空间自相关特点和马尔可夫链分析方法相结合，把马尔可夫链与新发展起来的局部空间统计方法结合起来，提出了空间马尔可夫链（spatial markov chains）分析方法，考察区域经济的相互影响及空间溢出条件下区域经济分布的动态趋势，并应用于美国各州的收入分布演进，结果表明各州向上或向下转移的概率对于相对区位非常敏感[108]。勒加洛和埃尔特塞姆（Le Gallo and Ertur Cem，2003）运用与之类似的方法，分析了1980~1995年138个欧洲地区相对人均GDP差距的时空演化，发现欧洲人均GDP在空间分布上存在着全局和局部空间自相关，地理因素在收敛过程中非常重要，不同俱乐部收敛区域之间的经济差异持续存在[109]。内文和古耶特（Neven and Gouyette，1995）[110]、洛佩兹·巴佐（López - Bazo，1999）[111]、芬格尔顿（Fingleton，1999）[30]、马格（Magrini，1999）[112]、Cheshire和Magrini（2000）[113]等各自使用不同的空间分析方法进行了大量相关研究，这些研究尽管使用方法不尽相同，如截面数据的核密度估计、马尔可夫链检验、空间相关分析等[114]，但结论大致相似：一方面证明了俱乐部收敛存在的结论，另一方面均发现俱乐部内部逐渐走向收敛，而不同俱乐部之间却不断走向分异。

总体上讲，采用空间统计和空间经济计量模型考虑了相邻区域的相互作用对经济增长差距变化趋势的影响，模型具有更强的解释力。但对收敛估计的空间经济模型几乎都限制在横截面数据的分析，通过对样本考察期始末两年的人均收入或产出计算平均经济增长率，其收敛结果具有很大的随机性和偶然性[115]；且横截面数据分析方法忽略了各个主体的差异，也没有考虑时间因素。面板数据结合了横截面和时间序列的优点，既考虑了个体差异和时间因素[116]，又避免了解释变量的遗漏问题，故采用面板数据将更能准确反映区域经济增长的收敛趋势[117]。然而，由于空间经济计量模型最大似然估计的渐近性取决于空间权重矩阵的特点，空间面板数据模型的估计更为复杂，许多从事空间经济计量研究的学者都在此方面不断努力，成为当前国际上相关研究的前沿和焦点[118]。

（二）中国区域经济增长中的空间效应研究进展

近年来国内的空间统计分析应用研究开始起步。如朱传耿和顾朝林等（2001）[119]运用GIS技术空间相关分析的综合集成方法，利用Moran I（空间自相关）指数对全国流动人口进行全局空间相关性分析，发现中国流动人口并非随机分布，而是具有显著的空间相关性。陈斐和郭朝辉（2002）[120]对度量空间自相关、空间关联的一些空间统计分析方法以及识别区域空间关联的标准进行介绍和探讨。吕安民等（2002）[121]用空间统计分析方法分析了1982~1990年和1990~1998年两个时期人口增长率的空间关联关系。刘德钦、刘宇和薛新玉（2002）[122]用空间相关方法对人口分布的现象进行分析，揭示了其空间地理分布的内在联系。刘旭华和王劲峰（2002）[123]则分析了空间权重矩阵的不同生成方法，提供了进行空间分析基础条件的计算机实现技术。

空间统计技术和空间计量方法应用于中国经济增长收敛和差异研究方面，英隆根（Long Gen Ying）进行了开拓性的工作，他应用成熟的 ESDA 技术，从核心—边缘的角度来证明中国 1978～1994 年省域空间经济的扩散效应的存在，发现中国大陆沿海与内陆省域之间增长存在非均衡经济溢出效应[65]；之后他在安赛林（Anselin）的空间滞后模型基础上进行了截面分析，发现中国省域的 GDP 增长率与其相邻区域具有一定的空间相关性，以往的研究由于忽视空间因素可能存在不恰当的模型设定问题[124]。基姆（Kim）、克纳（Kna）运用空间分布的熵系数方法分析了 1952～1985 年期间中国经济行为的空间分布情况，结果发现产业经济行为呈集中化趋势，中央政府的区域均衡增长政策效果有限[67]。德米尔热（Demurger）等（2002）[125]选取人口比例、初始国内生产总值等因素对区域经济发展的贡献进行了计量检验发现，地理和政策要素对沿海区域经济发展同样重要。包（Bao）、张（Chang）、萨克斯（Sachs）和吴（Woo）（2002）[126]研究了地理要素对改革开放后的中国区域发展的影响后认为，地理因素是中国区域差异的主要解释变量，沿海区域的空间优势吸引了大量的外商直接投资流入，进而造成了经济增长的区域差异。林光平等（2005）[127]借鉴雷伊（Rey，1999）的研究思路，分别采用二元权重矩阵和经济空间权重矩阵对空间滞后模型研究中国 28 个省市 1978～2002 年人均 GDP 的 β 收敛情况，结果表明，中国区域间经济存在收敛性，但是 β 的估计值表现出增大的趋势。

采用分布动态分析法对中国区域经济增长分布的研究还很少，特别是综合使用核密度分布和马尔可夫链等多技术全面分析区域增长的研究更为少见。阿齐兹和丁瓦尔德（Aziz and Duenwald，2001）[128]采用随机核估计法研究 1978～1997 年中国 28 个省区人均收入的动态分布情况，结果显示，省区的相对人均收入分布呈"双峰状"。徐现祥、舒元（2004）[129]以劳均 GDP 为考察对象，采用高斯核密度法，发现从 20 世纪 80 年代到 90 年代中国省区增长分布由"单峰状"变为"双峰状"，沿海、内地各自的收入差距逐步缩小，而沿海、内地间的差距不断拉大。蒲英霞等（2005）[130]采用空间马尔可夫链方法研究 1978～2000 年江苏省 77 个县域经济增长的收敛趋势，证实了改革开放以来江苏省"俱乐部收敛"的存在，区域人均 GDP 类型转移显著受到地理背景的制约。周卫峰（2005）[131]运用密度函数法考察了中国全部省份的收入分布演变，认为 1978～2002 年人均 GDP 呈单峰分布的总体态势基本不变，但在峰值上有所下降。王争等（2006）[132]使用高斯核密度图来考察对数劳动人口的平均GDP的变化过程，发现1978年基本是呈单峰状分布，次高峰尚处于萌芽状态；20世纪80年代中期以后，次高峰开始凸现，两峰分离逐渐加剧；90年代中期以来，尤其是2000年，两峰的"海拔"差距已经十分显著，这说明有更多的省份在向具有相对较低收入水平的左峰靠拢。李国平、陈晓玲（2007）[133]采用分布动态方法，从省区经济增长空间分布的形状和流动性两方面考察1978～2004年中国省区经济增长空间分布的动态演进，发现中国省区经济增长的空间分布形态经历多极化—收敛—双峰状的变化过程，省区内部的经济发展差距由扩大到再次缩小，俱乐部间的发展差距由缩小到再次扩大，空间相互作用影响着省区经济增长未来的空间分布，地理位置临近所产生的空间溢出效应促使了相似经济水平区域的空间聚集。

第二节　区域经济增长与区域金融发展关系的研究进展

金融运行的区域特征是现代市场经济条件下大国经济的客观现象。大国经济的发展在空间结构上往往表现出明显的区域性，而现代经济中金融体系的运行和发展直接反映出经济运行的区域性特征，因而其自身也呈现明显的区域特性。20世纪90年代以来，区域金融中心的兴起带动了区域金融领域的相关研究，并已广泛而较深入地涉及货币政策和公开市场操作的区域效应、区域货币乘数、区域间金融流、区域金融市场、区域经济增长与金融发展等许多方面，金融地理学等先进研究理念和前沿研究方法也日益得到发展和应用[134]。

一、金融地理学的相关研究进展

长期以来"金融的非实体性"理念使得金融地理并未成为学者们重点关注和研究的领域，但即使在电子通信时代，距离摩擦和非均质性地理分布仍然存在，金融与地理的相关性被越来越多的研究所证实。金融地理学在新经济地理学基础上发展而来，作为近年来兴起的一门边缘学科，提供了研究金融问题的全新视角和方法论，其核心在于将地理要素纳入金融学的研究之中，并由此衍生出与之相关的实证研究、货币地理学、金融流动和金融中心的研究等[135]，具体涉及区域金融空间系统的发展演化研究[136]、金融地理的路径依赖[137]、地方金融系统与区域经济发展[138]、金融企业地理，金融中心演化[139]、金融地理学与虚拟地理环境的有机结合等诸多方面，其中有关区域金融中心的形成和演变的研究成果尤为丰富。

20 世纪 90 年代有部分经济学家提出，IT 技术的发展使得地理因素已经不重要[140]，全球化的力量已经超越了国家主权和范围，因此一个国家范围内的经济空间已失去意义[141]。恩格瓦尔和拉尔斯（Engwall and Lars，2001）[142]等对此提出反驳，认为地理仍然重要，并对国际银行中心的形成做了分析。波蒂厄斯（Porteous，1995）[143]通过路径依赖、"不对称信息"理论和"信息腹地论"等系列强而有力的工具说明和解释了区域金融中心的发展。赵（Zhao，2002）[144]认为，金融部门需要接近并了解信息源，因此金融不可能完全摆脱地理因素的束缚。波特（Portes，2001）[145]等人则基于不对称信息角度提出，正是信息的不对称导致了资产交易与距离存在很强的反向关系。考夫曼（Kaufman，2001）[146]进一步指出，金融中心城市或地区的兴起与衰落，在一定程度上与这些地方作为主要商贸中心、交通枢纽、首都和中央银行总部所在地的地位变迁以及战争的影响有关，他同时认为随着 IT 技术的发展，国际金融中心作为一个物理空间的内容将会减少。桑永乔（Sangyong Joo，2005）[147]对全世界 106 个国家范围内的 18 个国际金融中心的形成进行统计分析，认为监管环境、物质和人力资源是金融中心形成的最重要因素，而收入和贸易则解释力相对较弱。整体来看，国际金融中心的形成因素还未形成一致的理论解释，目前学者们多关注于金融中心形成的必要条件，而非充分条件，这些研究是对金融中心形成后的经验总结，尚不能作为行动的指南。

对地理因素的关注始终是金融地理学研究的重要组成部分，在其他相关研究中，近 20 多年来，众多学者对金融系统的空间结构、国际银行业中心与空间经济、区域金融系统与产业发展、金融空间组织变化等众多的金融地理问题进行了深入分析[148]。莱申和思里夫特（Leyshon and Thrift，1997）[149]以及马丁（Martin，1998）[150]对货币如何将远距离的地区联系在一起、如何流动等问题做了深入的分析。格（Gehrig，2000）[151]利用市场摩擦理论和实证分析，讨论了离心力和向心力如何影响金融活动在地理上的聚集趋势与分散趋势，指出规模经济、信息溢出效应、市场的流动性等构成了有利于金融中心产生的向心因素，而投资环境不完善、市场进入成本、政治干涉以及地方保护等往往造成金融业进入的壁垒，这些是不利于金融中心形成的离心因素。克拉克（Clark，2000）[136]从投资管理业的作用和空间结构出发，论证了金融机构和金融产品都有其特殊的历史和地理条件。还有很多学者从信息以及交易成本的角度来讨论金融的空间流动。

如波特和雷伊（Portes and Rey，2001）[145]主要从信息地理学的角度探讨了股权资本跨界流动的决定因素。克拉克和沃伊齐克（Clark and Wojcik，2003）[152]对德国的资本市场进行了实证分析，认为欧洲一体化水平及资本市场有效性低，投资者需要接近信息源，而且国家边界和区域边界对市场透明度及有效性至关重要。

与国际上十分活跃的状况相比，国内有关金融地理学方面的研究成果较为有限。一方面，有部分学者提出了金融地理研究的重要性，并开始介绍国际相关理论进展，在结合中国实际对区域金融中心的形成、银行业空间系统变化等方面开展了有益探索。赵晓斌（2002）[153]以中国为例讨论了影响现代金融中心发展的决定因素，运用金融地理学最新成果，从"不对称信息"和"信息腹地"理论出发，提出了北京将取代上海、与香港共同构筑信息走廊，并最有可能成为中国的金融中心。潘英丽（2003）[154]探讨了金融中心的聚集效应和外部规模经济效应，并分析了金融机构选址决策的重要决定因素，地方政府应在成本优势、人力资源、电信设施以及监管环境与税收制度方面创造有利于金融聚集的环境。支大林（2002）[155]提出区域金融反映的是一个国家或地区金融结构与运行在空间上的分布状态，区域金融的属性表现为时空性、层次性、吸引与辐射性和环境差异性。田霖（2006）[156]利用金融地理学视角和方法，对金融的空间差异、空间过程和空间的相互作用理念进行论证，对我国目前金融成长态势的空间布局进行比较分析。另一方面，国内有关金融地理学的研究更多地集中在区域金融与区域经济增长关系的研究上。

二、区域金融发展的空间分布差异及其对经济增长的影响

国内外诸多学者从理论和实证两个方面对金融发展和经济增长关系做了大量研究，但结论却见仁见智、不尽相同。如卢卡斯（Lucas，1969）等学者认为经济、金融二者沿着各自的逻辑发展，不存在因果关系[157]；但金和莱茵（King and Levine，1993）[158]、斯蒂格利茨（Stiglitz，1994）[159]都一致认为金融体系在经济发展中起着关键的作用，金融发展导致经济增长；有学者认为金融发展与经济增长之间有一种互动的关系，二者互为因果，并建立了内生的经济增长模型来说明它们之间的这种关系；而爱德华（Edward S. Show）[160]和麦金农（Mckinnon）[161]则认为在发展中国家，金融发展对经济增长具有阻碍作用，由于金融市场上供给及相应需求不足决定了经济结构上的刚性及其供求弹性较低，使得经济发展水平落后。

（一）金融发展与经济增长的相关研究

早期大多数学者对金融对实体经济的贡献基本持怀疑或忽视的态度，古典经济学家根据萨伊定律提出了货币中性和信用媒介论，认为货币是中性的，不会对实际的经济变量产生影响，从而将金融因素排除在经济增长之外；新古典学派如罗伯特卢卡斯（Robert Lucas）根据理性预期理论，同样认为金融发展与经济增长之间没有什么关系[151]。瑟夫·熊彼特（Schumpeter，1912）[162]提出金融机构满足新兴企业信贷要求是经济发展的核心所在，并强调银行的功能在于甄别出最有可能实现产品和生产过程创新的企业家，通过向其提供资金来促进技术进步，这被认为在经济理论史上第一次论述了创新与经济发展之间的关系。20世纪50年代以来，爱德华和麦金农（Edward S. Show and Mckinnon，1973）、约翰·格利（John G Gurley，1995）[163]等大批经济学家对金融发展与经济增长的关系进行了广泛研究，从多方面论证了金融发展与经济增长之间存在的相关关系。维克赛尔（K. Wicksell，1970）[164]首次论述了货币对经济的影响作用，用积累理论揭示了货币因素对经济的影响，开创了货币经济理论。休米·T.帕里克（Hugh T. Patrick，1966）[165]研究证实了金融体系在提高存量资本和新增资本配置效率、加速资本积累中的作用。戈德史密斯（Goldsmith，1969）[166]用35个国家的数据对经济增长和金融发展之间的关系进行了实证分析，发现经济增长和金融发展之间存在粗略的平行变化关系，经济的快速增长总会伴随着超过平均水平的金融发展。之后金和莱茵（King and Levine，1993）[158]等人用更大的样本、更先进的方法做了类似的研究，也得到了与之类似的结论。20世纪70年代，麦金龙（Mckinnon，1973）[161]提出并论证了金融抑制对经济增长的阻碍作用和金融深化与经济增长的关系，认为发展中国家不完全的金融市场扭曲了资源的配置使得资本与投资机会分离，"金融抑制"严重地阻碍了资本积累、技术进步与经济增长。Shaw（1973）[160]从金融抑制的反方面提出了"金融深化"的概念——即金融资产以快于非金融资产的速度积累，发展中国家的经济改革应从金融领域入手，实现利率、储蓄、投资与经济增长的协调发展，消除"金融抑制"。20世纪90年代以来，随着内生增长理论的提出，相关学者从效用函数入手，建立各种基于微观基础的模型，引入不确定性、不对称信息和监督成本等不完全竞争因素，对金融中介和资本市场的形成做出了规范的解释。有关研究主要集中在利用跨国数据的回归分析及相关性分析，验证经济增长与金融发展指标之间正相关关系。如莱茵（2000）[167]从交易费用的角度分析了金融出现和发展的原因，进而又讨论了金融的功能与经济增长的关系，并做了大量的实证研究。近年来，经过大量学者不断拓展，该领域的研究已深入拓展到金融发展与经济增长的源泉（如私人储蓄率、资本积累、人力资本积累、全要素生产率等）之间的关系研究。如贝克（Beck，2000）[168]等使用跨国数据，用金融发展指标和其他解释变量构建了一系列的回归方程，对金融发展与经济增长以及私人储蓄率、资本积累、人力资本等相关要素的影响进行了深入分析。大量实证研究以及各类分析数据表明，多数情况下金融发展水平和速度对经济发展的速度和形式有决定性影响。

（二）中国的区域金融发展与区域经济增长相关研究

中国人口众多、地域辽阔、发展不平衡，同时又处于转型过程中，由于我国的发展中特征和转型特征，区域金融的不平衡发展具有不同于欧美国家的独特性，引起了许多学者的关注。正如曾康霖（1995）[169]指出，我国应特别注重研究区域金融，包括区域金融差距、区域金融调控、区域银行存贷差、区域基础货币供求等问题的研究。国内学者主要通过回归分析等方法来研究我国各省或地区的金融发展指标同经济增长之间的相关关系。

部分学者对区域金融发展的差异进行了分析，描述了中国各区域金融发展水平的区域差距状况。其中张杰（1995）[170]通过对"新古典均衡假说""循环积累因果原理"分析认为，经济结构的区域差异必将引起金融制度与金融结构的区域差异，中国金融结构的区域收敛、金融聚集与中国金融成长的历程是一个"倒U"过程。张军洲（1998）[171]从金融发展理论的中观层面，对中国区域金融问题进行了系统性研究。殷德生等（2000）[172]基于区域金融的一般理论，考察了不同区域金融主体的行为特征，从区域金融结构、区域货币资金流动与区域资源配置等视角强调了金融因素对区域经济发展的重大影响。潘文卿、张伟（2003）[173]认为我国资本配置效率总体上呈现上升趋势并呈东、中、西梯度递减格局，国有银行的信贷行为抑制了资本配置效率的提高，而非国有银行金融机构的信贷与投资行为对资本配置效率的提升有较大的促进作用。陆文喜、李国平（2004）[174]对我国各省区之间以及东、中、西三大地带内各省之间金融增长与发展的收敛性检验结果表明，我国各区域金融发展存在着阶段性和区域性的收敛特征，我国区域金融发展还具备类似于经济发展的俱乐部收敛特征。金雪军、田霖（2004）[175]根据对1978～2003年的数据实证分析，认为该时期我国并不存在区域金融成长差异的倒"U"型曲线，而是呈现三次曲线的变动态势，表明在这一期间并没出现初期发散和后期收敛的特征。王维强（2005）[176]认为区域金融差异归根到底是由微观主体有限理性的行为造成的，微观市场无法建立起有效平衡机制，必然导致宏观层面"市场失灵"，这说明了区域金融政策的必要性。他将我国区域金融发展界定为市场竞争型、政府适度主导型、城乡差异型和政府扶植型4种模式。赵伟、马瑞永（2006）[177]分析表明，我国区域内金融增长差异主要来源于区域间金融增长差异，区域内金融增长差异只构成金融增长总体差异中小部分。冯玥、王如渊（2007）[178]采用聚类分析认为，东部地区金融发展水平呈平稳上升是因为金融发展水平随着经济的发展一同提高，西部地区金融发展水平整体下降是因为经济的相对落后、金融资源的贫乏以及货币政策的滞后。这些成果分析了金融机构、金融工具、融资方式、融资机制和金融行为的区域特点等，认为金融结构与金融发展水平的差异共同构成决定区域金融差异的关键因素，但由于样本区间较短，使用的统计数据比较零碎，因此对中国改革以来资金配置的根本特征与内在机理还有待进一步研究。

更多的学者重点关注中国金融发展与经济增长的关系以及金融发展促进经济增长的路径。其中周立和王子明（2002）[179]的研究证明，金融发展差距可以部分解释中国各区域经济增长差距，区域金融发展初始条件低下对其长期的经济发展不利。布瓦罗德布雷（Boyreau - Debray，2003）[180]使用区域性资本市场的证据来说明地方信贷渠道存在的合理性，认为国家级银行发放的信贷对省级经济增长具有负面影响，其原因在于银行为支持国有企业部门承受的负担，而中小银行机构占比高的省区经济增长更快。陈柳钦（2003）[181]则指出东部和全国的金融发展与经济增长之间存在正相关的关系，而中、西部二者之间则几乎是负相关的关系，且存在明显的滞后效应。艾洪德等（2004）[182]进一步研究发现，东部和全国的金融发展与经济增长之间存在正相关的关系，而中、西部的二者之间则几乎是负相关的关系，且存在明显的滞后效应，过度开放金融竞争和推动金融的市场化改革对欠发达区域的经济增长可能反而不利。周好文、钟永红（2004）[183]对中国1988～2002年东中西部区域金融中介发展与经济增长之间的相关关系和因果关系进行了检验，金融中介的规模指标和效率指标与经济增长之间都有密切关系，但金融中介在东部走的是一条质量型发展道路，而在西部则是一条数量型增长道路。沈坤荣、张成（2004）发现即使在改革开始后金融机构的低效率问题仍很严重，区域间金融效率的差异已成为各区域经济发展差异的主要因素[184]。王景武（2005）[185]发现东部地区的金融发展与经济增长之间存在正向因果关系，而西部地区金融发展与经济增长之间关系则存在相互抑制关系。周宁东（2007）[186]等人指出金融发展在质的提高方面比单纯量的扩张方面更能促进经济的增长。总体上，国内学者的观点大致可以分为三类：部分学者研究认为中国经济增长指标同金融发展指标正相关，因此二者之间有高度相关性，如周立、王子明等；但也有学者认为我国经济体制以及金融体制还不够健全，金融发展对我国的经济增长推动作用有限，甚至有些指标还呈现负面影响；而更多的学者研究发现东部和全国的金融发展与经济增长之间存在正相关的关系，而中、西部二者之间则几乎是负相关的关系，区域金融发展差异可以在一定程度上解释区域经济发展差异，如陈柳钦、艾洪德等。

总体来看，目前国内关于区域金融发展与经济增长关系的研究在研究样本上以东、中、西部的区域划分为主，或以具体的某一相对较小的区域为考察样本，对全国省市及以下区域的研究较少；在研究重心上，主要以区域金融发展与经济增长关系的总体实证为主，缺乏对区域金融发展和经济增长在时间路径、地域特征方面的深入研究。

第三节　货币政策的区域效应的理论分析

货币政策区域效应研究的理论基础，最初是依据货币主义或凯恩斯主义的货币理论。货币主义学者证明货币供应量对区域经济增长产生影响，进而通过产品需求的经济增长弹性表现出货币政策的区域影响差异；凯恩斯学派则证明是由于利率渠道的地区差异带来货币政策的区域效应。1961年蒙代尔开创性提出最优货币区理论，吸引了众多的学者在此框架下展开新的研究，有力推动了货币政策区域效应的理论和实证研究发展。20世纪80年代以来，新凯恩斯主义和后凯恩斯主义逐渐成为理论前沿，二者均以信息不对称为前提，从信贷配给理论下的信用传导机制入手研究货币政策，但前者认为金融结构差异导致货币政策的区域效应，而后者则认为货币内生性、银行发展阶段和流动性偏好的地区差异才是真正原因（张晶，2006）。在研究方法上，货币学派主要运用圣·路易斯方程的简约式模型进行研究（Beare，1976）；而新古典综合学派则多基于大型区域宏观模型。在研究技术上，随着计量经济学的发展，向量自回归模型（vetor autoregression model，VAR）和脉冲响应函数（impulse response function，IRF）在货币政策区域效应研究中得到日益广泛的应用（Bayoumi，1992）。

从实证研究成果来看，主要集中于对最优货币区的验证、货币政策区域效应存在性及其作用机制的分析。考察不同的国家是否构成一个最优货币区的实证方法，包括供给冲击、需求冲击相关性标准（Frenkel，1999；Sato，2003）、商业周期相关性标准和经济结构上相似性指数（Horvath，2003）等方面。在货币政策区域效应的验证上，卡里诺和德菲纳（Carlino and Defina，1998）、阿诺德（Arnold，2002）和吉索（Guiso，1999）等均证实，经济结构差异确实导致了单一货币政策的区域效应差异。在货币政策区域效应作用机制方面，现有成果表明利率渠道、信贷渠道和汇率渠道是货币政策区域效应的原因。甘利和萨蒙（Ganley and Salmon，1997）、哈约和乌伦布罗克（Hayo and Uhlenbrock，1999）研究发现，利率渠道发挥作用与地区产业构成紧密相关，资本密集型的产业和产品对利率变化的敏感度高，因而受货币政策的影响也大。新凯恩斯主义学者强调信贷渠道特别是银行在货币政策传导机制中发挥的作用，如卡什亚普和斯坦（Kashyap and Stein，1997）认为中央银行单一的货币政策对银行体系较弱、公司与银行规模较小、非银行金融资源可得性较差的地区影响更加强烈。欧阳和沃尔（Owyang and Wall，2004）对美国八大经济区的研究则表明，利率渠道和信贷渠道都对货币政策区域效应有一定解释力。多恩布施（Dornbusch，1998）则认为，货币政策可以通过汇率影响地区贸易额和净出口额，因此对经济开放程度高的国家或地区，货币政策对经济影响效果显著，对经济开放程度低的国家或地区，货币政策的效果微弱一些。

国内理论界关于货币政策区域差别化问题的研究主要从实证的角度来分析，这些研究多数使用了计量经济分析方法，在国内数据的基础上，其研究的重点多集中于我国最优货币区的存在性，以及采取差别化的区域性货币政策的科学性。骆玉鼎（1998）、柯冬梅（2001）、贾卓鹏和贺向明（2004）、马根发（2005）、宋旺和钟正生（2006）等从蒙代尔的"最优货币区"理论出发，运用"最优货币区"的判定标准，研究认为当前中国还不是最优货币区，进而提出货币政策应当适当区域化。贾广军（2002）、耿同劲（2003）、范祚军（2005）、刘玄（2006）和王满仓（2006）等对货币政策区域效应问题进行了研究，均表明我国区域间经济差异性影响货币政策工具的有效性，统一货币政策的作用时滞和作用效果存在区域性差异，货币政策有实行区域化的必要；但孙天琦（2004）则认为货币政策必须坚持统一性的大前提，不可轻言区域化，但是部分内容可以探索差别化。

综观当前已有的研究，可以发现我国地区经济结构不均衡应该是统一货币政策产生区域差异效果的重要因素，但正如后凯恩斯主义者指出的，任何其他宏观经济政策也都会面临这个问题，因此仅从地区经济结构差异角度挖掘货币政策区域效应并没有特别的研究意义（张晶，2006），而应当突破最优货币区理论框架，结合金融结构差异特别是导致银行信贷资金配给的区域性特征研究上，重视货币政策对银行、企业的金融行为的影响；在实证方法上，VAR 模型本身的一些缺陷和不足，降低了研究结论的有效性（张晶，2007），因此，关于货币政策区域效应的检验方法还有待于进一步挖掘，本书对此进行了有益的尝试，主要采用包含大量数据信息的面板数据，通过建立空间面板数据模型对我国货币政策对区域金融特别是信贷投放的影响进行了更深一步的探讨，其结果也更具解释力与说服力。

第四节　对当前研究的述评

总体上，国内外学者围绕不同范围的区域经济增长趋同与差异问题进行了大量研究，实证上一般集中于区域增长差距的定性、定量描述以及区域经济增长差异是扩大还是缩小的理论与实证检验等。从研究技术来看，在统计指标上主要采取基尼系数、变异系数及泰尔指数，在分析数据上主要采取区域 GDP、人均 GDP 或 GDP 增长速度等相关指标，对影响区域经济增长的各种因素如新古典因素（初始产出水平、初始人力资本、就业率、资本形成率）、结构因素（工业化、城市化）、新增长因素（人力资本、市场化、政府消费、技术进步、政策变量，新经济地理因素（人口密度、运输距离、规模经济）等进行了多角度分析，这些研究尽管不能完全展示区域经济增长的全部特征，但从数据可得性和解释力来看，这些指标的选取是可行且合适的。总体来看，这些研究从新古典增长理论强调资本边际报酬递减的收敛机制，发展到新增长理论强调技术扩散、转移的收敛机制，以及新经济地理学强调距离和运输成本的重要作用，表现出不断将各种因素逐步内生化，但基本上是在忽视地理空间维度的基础上进行的，或者说对地理空间效应作用的认识和重视还很不够。因此，虽然理论上新古典经济增长理论和新经济增长理论已获得不少研究成果，但由于其理论假设的不完善尤其是普遍忽视地理空间效应的不足，制约了理论和实证研究的解释力，导致目前尚未形成一个具有较高现实解释力的理论框架。

从国内的相关研究进展来看，由于区域经济增长时空演进动态机制的复杂性、地域性和不平衡性，影响经济增长分布的因素涉及多种复杂要素，对于我国区域经济增长时空特征及其影响因素的研究结论，则出现了收敛和趋异相互混杂、主要影响因素莫衷一是的现象，对中国区域差距有多大和区域差异是扩大还是缩小趋势的看法并不一致，但各自的研究却均得到了实证经验的支持。一方面，学者们研究结论存在分歧，其原因在于分析方法、研究对象和考察问题的角度有所不同，特别是研究的时间、空间尺度不同是其重要原因。在分析对象空间基本单元不同的情况下，即使采用同一测度指标，衡量相同年份的收入差异，得到结果必然不同；另一方面，即使空间单元相同、测度指标相同，但考察的时间段不同，得到的结果也不尽相同。国内有的学者将研究时期追溯至1952年，而更多的学者则侧重于改革开放以来的区域经济增长研究，但对1978年之后的时间段选择也不尽相同，最终引致研究结论出现各种差异。理论框架和检验方法不同也是导致研究结果差异的重要因素，如大多研究者没有考虑经济增长中的地理空间效应，极少数考虑了空间效应的研究则多为截面数据研究，缺乏对"时间维度"数据和"面板"数据的分析，且主流研究普遍使用普通最小二乘法估计方程。

主要表现为：

（1）多数研究对地理空间效应在区域经济增长差异及收敛过程中的作用重视不够。传统的新古典增长模型作为区域增长，尤其是收敛经验研究的主要模型框架，是基于封闭经济的假定而发展起来的。但在开放经济条件下，国家和区域经济增长很可能受到有形及无形的空间交互影响干扰，使得在横截面上一个区域单元与其他区域单元相关联，即"空间相关"。从理论的角度看，开放经济下区域经济增长的动力来源于资源在区域间配置的机制不同，经济体往往在空间上具有围绕一些"极核"而集群分布，也就是呈现空间俱乐部收敛的模式，故需要借鉴新经济地理学原理对传统增长理论进行补充；同时在理论模型的构建过程中，还需要借鉴空间统计和空间计量经济学原理和方法，将空间影响和空间交互效应纳入理论假设。

（2）现有研究多侧重于对区域经济增长收敛与差异空间格局的静态特征描述，而对其空间特征的形成原因分析不足。当前学者们普遍使用的差异指数法、传统回归分析法、马尔可夫概率转移矩阵法等，均无法适应基于横截面的区域经济水平随时间变化的动态机制及其成因的研究。同时由于历史的原因，我国经济发展中统计数据的收集工作起步比较晚，在区域的横截面数据尤其是时间序列和横截面融合的面板数据方面，则缺乏完整、高质量的数据集，限制了中国区域经济增长空间收敛与差异实证研究的进一步深入。因此，当前国内尤其需要基于面板数据，对区域经济增长过程中的地理（空间）溢出效应进行分析，以解释区域经济增长的空间发展模式，并基于区域经济数据空间分布的异质假设，在空间统计和空间计量方法支撑下，估计和检验空间条件下区域经济增长的机制与成因。

（3）在我国区域经济增长时空演进的研究中，多集中在对 σ 收敛、β 收敛的研究，对俱乐部收敛的研究相对不足。国内外关于俱乐部收敛的研究开始相对较晚，西方学术界大约从 20 世纪 90 年代中期以后才陆续出现对俱乐部收敛的研究，而在国内这种现象也明显存在。从研究的对象来看，大都以东、中、西三大地带或者以省域作为研究的基本单元，采用离散序列对不同经济水平区域的划分有一定的主观性，可能导致样本太少影响回归参数的统计显著性，更可能人为地割裂了行政交界地带形成的具有相似性的区域经济体，从而降低了研究的精确性。

一方面，主流金融学的"宏观"和"微观"研究已经相对完善，但中观（即区域）视角的分析仍不够成熟，缺乏区域金融成长时空规律的挖掘。相对于我国区域经济增长空间布局的研究成果，关于区域金融发展的时空特征研究非常有限。中国特殊的国情为区域金融的研究提供了很好的平台，当前有关区域金融空间分布的研究多以区域虚拟变量来衡量，其最大的问题仍是假定区域之间相互独立，仍然存在把"区域"或"空间"作为一个抽象定语的现象，只是将金融与区域进行简单的、静态的叠加，未能很好地揭示金融成长的时空发展规律。另一方面，金融地理学为研究国内区域金融问题提供了新的视角和方法，比较前沿，但其研究方法还有待进一步系统化。既对金融资源空间分布格局进行描述或统计分析，更要对金融资源在不同区域之间的空间集聚或差异的机理进行深入讨论。需要将金融置于地理世界，基于"空间"视角，从金融地域运动角度深入、系统地研究我国区域金融发展的时空演进问题，并对其成因进行探讨，对中国区域经济发展差距和区域金融发展差距之间的关系给出实证分析，推动我国行政区金融向经济区金融的转化。

本书认为，区域经济金融截面主体之间在地理上是一些明显具有空间依赖性的经济实体，空间相关性是我国区域经济金融分布的重要特征，有必要将地理空间维度引入区域经济发展、区域金融增长过程研究中来。在 GIS 平台支持下，构建一个既包括经济属性数据又包括地理空间数据、既包括时间序列又包括空间截面数据的综合面板数据分析框架，对区域经济、金融时空演进研究非常重要。本研究拟在理论假设方面纳入空间联系和异质性假设，在地理空间效应的基础上展开理论框架的构建；在方法上，引进空间统计和空间计量经济学以及动态计量经济学的方法；在分析要素方面，将多维要素引入研究框架，强调多要素的综合作用；在数据方面，采用时间序列和横截面的面板数据；在研究的空间尺度方面的，尝试深入地市层次进行探索性分析。

第五节　研究涉及的基本理论模型和方法

一、基于新古典的 β 趋同增长模型

基于新古典增长理论中的要素边际报酬递减假设，产生了国家、地区间的经济增长趋同假说，包括绝对趋同、条件趋同等重要概念的分析都是在要素报酬边际递减的基础上展开的。

根据新古典增长理论，可以将经济增长趋同的分析模型设定为如公式（1-1）的形式，本书将其称作经典趋同模型：

$$\ln\left[\frac{y_{T,i}}{y_{t_0,i}}\right] = \alpha + \beta \ln y_{t_0,t} + \varepsilon_t , \quad \varepsilon_{it} \sim iid, N(0,\sigma^2) \qquad (1-1)$$

公式（1-1）中，y_i 代表某地区的人均 GDP 水平，对地区 i 来说，若估计系数 β 小于零，并在统计上具有显著意义，则可以说明该地区经济增长率在时期 T 内与初始状态的经济水平为负相关关系，即经济发展落后地区的增长速度高于发达地区，表明经过一定时期的发展，经济落后地区可以追赶上发达地区，即存在 β 趋同。

在公式（1-1）基础上，我们可进一步检验条件趋同是否存在，即在控制影响经济稳态因素（如人口、资源禀赋、技术水平等）的情况下，引入代表不同地区的虚拟变量，根据 β 系数来估计经济增长趋同状态。根据中国区域经济差异明显的事实，以及东、中、西部等不同地区的划分，在公式（1-1）中引入地区虚拟变量，可以考察条件 β 趋同是否发生：

$$\ln\left[\frac{y_{T,i}}{y_{t_0,i}}\right] = \sum_{j=1}^{n} \alpha_j D_j + \sum_{j-1}^{n} \beta_j D_j \ln y_{t_0,t} + \sum_{j=1}^{n} \gamma_j D_j \ln x_{t_0,i} + \varepsilon_t , \ \varepsilon_{it} \sim iid, N(0,\sigma^2)$$

$$(1-2)$$

其中 D_j 为地区虚拟变量，γ_j 为待测系数，x_i 代表地区 i 的社会经济金融条件控制变量，包括物质或人力资本存量、公共投资总量、金融发展水平、贸易条件、人口增长速度、技术进步水平等。在公式（1-2）模型的

条件 β 趋同中，预期能够估计获得经济增长的两种效应，一是若存在趋同现象则通过 β 估计值能够得到经济增速与初始地区经济水平之间的负相关效应，二是代表地区经济社会条件的变量 x 对经济增长所产生其他影响。因此，公式（1-2）更具普遍意义，且提供的相关信息要比公式（1-1）更丰富。为了考察各种因素对中国省域经济增长差异的影响，本书主要引入区域金融发展状况等条件变量，代入包括地区虚拟变量的模型中来验证区域经济增长收敛机制及金融因素在收敛中的作用。

需要指出的是，上述模型的关键在于如何选择恰当的解释变量，即应该将哪些代表经济社会发展条件并对地区经济稳定状态产生影响的变量纳入模型。此外，由于在现实世界中，相邻区域之间的经济发展程度明显地具有空间依赖性，尽管上述研究考虑到了不同地区差异的影响并通过虚拟变量来衡量，但无法回避的是代表初始经济发展水平的人均 GDP 变量与方程误差项之间可能存在相关性，这将会导致最小二乘估计无效和统计推断失败，因此上述模型存在的最大问题是假设各地区之间是相互独立的"孤岛"。要想得出更为科学客观的结论，就需要在上述模型基础上构建一个更为合理的经济增长趋同模型，通过将地理空间因素引入趋同研究中，利用空间相关分析和空间回归的方法能够更为有效地揭示区域经济增长趋同及其原因。

二、经济增长空间相关性与 β 趋同的空间计量分析

我们可以把空间相关（spatial dependence）定义为观测变量与地理空间位置之间存在的关联性和一致性，例如，空间正相关关系是指相邻地区观测变量高值或低值在地理上具有空间集聚的倾向，而空间正相关关系则指具有某一观测值的地区被具有相异值的邻区所包围。可见，空间依赖关系即代表着某一地区的观测值由于某种地理空间作用而出现的在地理上的集聚状态，这些地区之间相互联系的因素包括溢出效应及贸易往来、人口流动以及其他有关社会经济活动的交互作用。其中有些因素能够直接在区域关系发挥作用，如劳动力和资本流动、技术和知识溢出、交通运输和交易成本较低等各种经济因素对空间依赖的作用尤其重要。如果假定地区之间存在空间相关，则某一地区的地理位置就会成为影响它经济增长的重要因素，而地理位置相似的空间区域则有可能存在一定的条件 β 趋同。要检验是否存在 β 趋同，需首先验证地区之间的空间相关关系，其原因在于观测变量之间的空间相关将会使普通最小二乘法（OLS）估计实效和统计推论的失误。本书将会重点讨论由各种交互作用引起的空间依赖关系的形

成，以及金融发展水平等社会条件变量在其中发挥何种作用。本书研究将集中在特定的、由空间权值矩阵表示的外生空间作用和空间过程引起空间依赖效应。具体思路是：先进行基于纯地理依赖效应的空间计量检验，然后逐步引入包括地区虚拟变量及金融发展程度等控制变量，以便于在经济增长信息比较全面及可靠的条件下，检验并捕捉影响增长趋同的地理溢出效应及社会条件等其他因素产生的综合效应。本书在巴罗和萨拉·伊·马丁模型的基础上，引入空间计量经济模型进行的 β 趋同分析，包括空间滞后（自回归）模型和空间误差模型。

空间滞后模型（spatial lag model，SLM）：在空间滞后趋同模型分析中，观测值的空间依赖关系由空间滞后变量 $W\ln\left[\dfrac{y_{T,i}}{y_{t_0,i}}\right]$ 表示。

$$\ln\left[\frac{y_{T,i}}{y_{t_0,i}}\right] = \sum_{j=1}^{2}\alpha_j D_j + \sum_{j-1}^{2}\beta_j D_j \ln y_{t_0,t} + \sum_{j=1}^{2}\gamma_j D_j \ln x_{t_0,i}$$

$$+ \rho W\ln\left[\frac{y_{T,i}}{y_{t_0,i}}\right] + \varepsilon_t \quad \varepsilon_i \sim N(0,\sigma^2 I) \qquad (1-3)$$

其中，$\ln\left[\dfrac{y_{T,i}}{y_{t_0,i}}\right]$ 与模型（1-1）类似，为验证是否存在 β 趋同的被解释变量，代表地区 i 的人均 GDP 增长率，y_{t0} 为起始阶段的 i 地区经济发展水平向量；ε 为误差项；α、β 和 ρ 分别为代表相应的估计系数；ρ 为空间相关估计系数，代表空间相关矩阵的观测值之间依赖程度。空间滞后项 $W\ln\left[\dfrac{y_{T,i}}{y_{t_0,i}}\right]$ 代表与空间权重矩阵相乘的经济增长率，这里的空间滞后项包含相邻区域经空间权重矩阵量化后的经济增长率。由于空间回归向量 Wy 一般情况下会与误差项 μ 相关，因此用 OLS 法会产生非一致估计。故该类模型多应用最大似然估计法（MLE）、广义矩估计法（GMM）或工具变量法（IV）等。方程（1-3）的意义在于如下两方面：一方面，从增长趋同来看，当我们控制住地理空间效应之后，方程中 β 的估计值将会提供增长趋同的信息；另一方面，从经济地理角度来看，该方法能够有效测定空间依赖效应，在初始经济发展水平给定的情况下，该模型能揭示出某一地区的经济增长速度如何受到相邻地区经济增长率影响。

方程（1-3）可以改写为如下形式：

$$(I-\rho W)\ln\left[\frac{y_{T,i}}{y_{t_0,i}}\right] = \sum_{j=1}^{2}\alpha_j D_j + \sum_{j-1}^{2}\beta_j D_j \ln y_{t_0,t} + \sum_{j=1}^{2}\gamma_j D_j \ln x_{t_0,i} + \varepsilon_i$$

$$(1-4)$$

$$\ln\left[\frac{y_{T,i}}{y_{t_0,i}}\right] = (I - \rho W)^{-1}\sum_{j=1}^{2}\alpha_j D_j + (I - \rho W)^{-1}\sum_{j-1}^{2}\beta_j D_j \ln y_{t_0,t}$$

$$+ (I - \rho W)^{-1}\sum_{j=1}^{2}\gamma_j D_j \ln x_{t_0,i} + (I - \rho W)^{-1}\varepsilon_i \qquad (1-5)$$

公式（1-5）表明，平均来讲，某一区域经济增长速度不仅仅受其初始经济水平的影响，而且也会受到 $(I - \rho W)^{-1}$ 所代表的空间相邻地区的影响。从传统的古典经济趋同假设来看，本模型与初始的 β 趋同概念存在解释偏差，因此我们在解释空间依赖情况下的经济趋同方面应该谨慎考虑。同时考虑到误差作用，公式（1-5）代表对某一地区的经济冲击不但会影响到本地区的经济增长，而且同样通过 $(I - \rho W)^{-1}$ 项的作用而对相邻地区的经济增长同时产生相应的冲击。

空间误差模型（spatial error model，SEM）通过相邻区域间的空间协方差来反映方程误差的空间相关关系，有时区域增长的空间相关关系产生相互作用的因素未进入模型中的自变量，在这种情况下空间误差模型的预测结果就较为准确，具体如下：

$$\ln\left[\frac{y_{T,i}}{y_{t_0,i}}\right] = \sum_{j=1}^{2}\alpha_j D_j + \sum_{j-1}^{2}\beta_j D_j \ln y_{t_0,t} + \sum_{j=1}^{2}\gamma_j D_j \ln x_{t_0,i} + \mu_t \qquad \varepsilon_i \sim N(0,\sigma^2 I)$$

$$\mu_i = \lambda W\mu_i + \varepsilon_i \qquad (1-6)$$

其中，λ 代表方程回归残差的空间依赖性的待估参数，由于使用 OLS 方法会产生无偏但无效的估计结果，且估计系数方差会出现有偏估计，因此该模型使用 OLS 传统估计进行推论将会产生解释偏差，故该方程一般采用最大似然估计法（MLE）或广义矩（GMM）等特殊估计方法。

显而易见的是，基于空间视角的空间滞后模型和空间误差模型进行经济增长趋同检验能够有效地揭示出区域经济增长中的空间相关关系和溢出效应。但在具体的实际应用中，对于如何确定使用哪个模型作为最佳趋同估计方程需要认真考虑，根据国际上基于空间自相关检验的选择标准和方法，可以帮助我们从上述模型中选择最佳的空间回归模型来估计经济增长的空间趋同性、空间依赖和溢出效应。

三、区域经济增长 β 趋同模型的空间相关性检验

关于区域经济增长 β 趋同进行空间计量分析检验的方法主要有三种：一是空间自相关检验指数的方法，该方法适用于所有的空间依赖关系的检验，主要通过方程的回归残差进行检验分析，该方法能够有效地验证空间

计量经济模型变量设定是否具有空间依赖关系，但该方法的缺陷是不能有效区分其属于空间滞后模型和空间误差模型中的哪一个。针对这一问题，安赛林（Anselin，1988）[100]提出了区分空间滞后模型和空间误差模型的验证技术——基于空间滞后模型（SLM）和空间误差模型（SEM）的双拉格朗日乘子检验及其 Robust 稳健性检验。基于上述方法可以检验空间计量模型中的空间自回归可能主要出现的两种形式，使用空间滞后拉格朗日乘子检验 SLM 模型、空间误差拉格朗日乘子检验 SEM 模型，并同时进行相应的稳健性检验，如果前者较后者在统计上显著，且前者稳健性显著而后者不显著，则可以认为适用于空间滞后计量经济模型（SLM）；反之如果后者在统计上更加显著，且后者的稳健性也显著，则采用空间误差自回归模型（SEM）较为合适。

第二章　区域经济增长的时空分布
特征与演进规律分析

改革开放以来，我国区域经济呈现出显著的快速增长趋势，但与之相伴随的是地区间经济增长不协调问题的凸显。为了能够较为全面地反映我国现阶段各地区的经济发展状况，以及各地区在经济发展过程中所呈现出的不同变化规律和运行特征，需要对我国不同地区间经济发展水平的差异程度和空间分布特征进行深入细致的分析，并探究我国的地区经济增长模式是否具有收敛性特征。与现有研究多集中于省区层面和静态描述不同的是，本章基于省级和地市级两个空间尺度，从空间和时间两个维度，结合ESDA和空间计量经济学方法研究我国区域经济的发展问题，不仅对中国区域经济发展格局的主要特征进行了空间探索分析，还引入20世纪90年代最新发展的分布动态方法，对中国区域经济增长的时空趋势进行分布动态演进分析，揭示我国区域经济增长的时间、空间特征及其发展演进规律。

第一节　数据来源与空间分析方法说明

一、数据来源说明

本书中基于省级空间尺度的地理分析单元共31个，考察期为1978～2014年，数据来源包括《新中国五十五年统计资料汇编》《中国统计年鉴》（2000～2014），各省最新统计公报以及中国宏观经济信息网数据库。受到数据可得性的限制，同时为保证数据的连续性，本书基于地市级空间尺度的地理分析单元共 289 个，考察期为 1994 ~ 2013 年①。289 个分析单元包括 4 个直辖市、15 个副省级市，2 个自治区（西藏、新疆）、268 个地市级单元（包括地级市、盟、自治州和地区）。为了保证地理口径的一致性，本书以 2007 年的行政区划为准，据此对数据进行了相应的调整，数据主要来自中国宏观经济信息网中的城市年度库，并根据各年度的《中国城市统计年鉴》和《中国区域经济统计年鉴》对部分数据进行了补充和调整。

本书在经验分析中，使用绝对人均 GDP 和相对人均 GDP 两个指标。其中绝对人均 GDP 为以 1978 年为基期核算的真实人均 GDP 绝对值，相对人均 GDP 为该地区绝对人均 GDP 与全国绝对人均 GDP 值之比，以此考察各省区经济水平在全国所处的位置。

二、空间权重矩阵的设定

为了检验经济增长的空间依赖性和应用 ESDA 技术，需要建立研究对象之间空间相互作用模型，当前国际上主要通过引入空间权重矩阵（spatial weight matrix）实现。空间权重矩阵能够反映空间区域相邻作用关系和强度。使用不同的空间权重矩阵，将对空间数据研究结论产生重要的影响，因此必须谨慎选择适当的空间权重矩阵，同时，空间权重如何构建一直在学界存在争论。考虑到模型的可识别性，空间权重矩阵必须是外生于模型的，不能包括模型中所涉及到的任何外生或内生变量，否则实证模型将变得高度非线性。总体来看，设定空间权重矩阵的基础是根据地理空间特征关系，如地区边界接壤、空间距离邻近等，距离、空间邻近关系等地理特征先于经济系统而存在，这种设定原则显然可以保证空间权重矩阵的外生性。

根据具体设定方式的不同，常用的空间权重矩阵主要包括二元相邻矩阵（binary contiguity matrix）、距离倒数矩阵（inverse distance matrix）、距离二元矩阵（distance to binary matrix）、K 近邻矩阵（K – nearest neighbor matrix）等。另外，空间相邻关系还有一阶相邻和高阶相邻之分，对应于一阶空间权重矩阵和高阶空间权重矩阵。所谓一阶相邻，就是上述常用的空间权重矩阵所代表的地理接壤关系。根据一阶"空间相邻"，可以断定高阶的相邻。如果两个不相邻地区均与第三方地区相邻，则这可以认为这

---

① 本研究原打算采用与省级分析相同的考察期，但难以获得所需要的数据。由于考察期不同，这在一定程度上影响了省级和地级分析结果的可比性。

两个地区属于二阶相邻，即"地理位置上邻居的邻居"，同理三阶相邻则是指"地理位置上邻居的邻居的邻居"。根据二阶、三阶等高阶相邻关系所构造的权重矩阵就是高阶空间权重矩阵。

本书选择了常用的两类空间权重矩阵，即二元相邻矩阵和基于距离倒数的权重矩阵。就二元相邻矩阵而言，相邻关系的判别准则有三种，即拥有共同边界的车（rook）相邻、拥有公共顶点的象（bishop）相邻和拥有共同边界或公共顶点的后（queen）相邻（参见 Lesage，1999b），矩阵中元素的取值如式（2-1）所示：

$$\begin{cases} w_{ij} = 0 \text{ 如果 } i = j \\ w_{ij} = 0 \text{ 如果 } i \neq j \text{ 且 } i \text{ 与 } j \text{ 不相邻} \\ w_{ij} = 1 \text{ 如果 } i \neq j \text{ 且 } i \text{ 与 } j \text{ 相邻} \end{cases} \quad (2-1)$$

距离倒数矩阵是基于距离倒数的权重矩阵，又可称为负指数权重矩阵，矩阵中元素的取值如式（2-2）所示。式（2-2）中 d_{ij} 为地区 i 与地区 j 之间的距离，d 是门槛距离，地区之间的距离超过该门槛距离视为不相邻，m 是大于 0 的整数，m 取值越大，地区之间相互作用的强度随距离下降得就越快。

$$\begin{cases} w_{ij} = 0 \quad i = j \text{ 或 } d_{ij} > d \\ w_{ij} = (d_{ij}) - m \quad i \neq j \text{ 和 } d_{ij} \leq d \end{cases} \quad (2-2)$$

文中所使用的空间权重矩阵都经过了行标准化处理，即用矩阵中每个元素同时除以所在行元素之和，使得每行元素之和为 1。如果 Y（向量符号用小写字母表示 y）是各地区经济增长列向量，W 是标准化后的空间权重矩阵，那么 WY 称为 Y 的空间滞后项，其经济意义是各地区相邻的平均经济增长列向量。

三、探索性空间数据分析

通常把以空间数据为研究对象，综合空间统计学及现代图形计算技术，分析观测值空间分布的一组技术总称为探索性空间数据分析方法（ESDA），主要包括全局和局部空间相关性分析。空间相关性和空间异质性是空间数据分析中的两个核心概念，为了更好地理解 ESDA 方法，首先要澄清这两个概念。空间相关性（spatial dependence）指观测值大小与地理空间位置区位存在一致性，即近似观测值在空间区域的集聚；空间异质性（spatial heterogeneity）是指经济行为在空间上不稳定，具体表现为随机变量的分布，以及模型参数和误差项方差随区位变化等（Haining 1990；Bailey et al. 1995；Anselin 1998a、b）。

（一）全局性空间相关关系

全局性空间相关关系是指观测值在全部地理空间内与区位相关的态势。在反映空间相邻区域单元观测值的相似程度指标中，Moran's（空间自相关）指数 I 最为常用且测试结果最好，因此本书亦采用 Moran's 指数 I 作为空间相关指标。Moran's 指数 I 定义为：

$$I = \frac{n}{\sum\limits_{i=1}^{n}\sum\limits_{j=1}^{n}W_{ij}} \cdot \frac{\sum\limits_{i=1}^{n}\sum\limits_{j=1}^{n}W_{ij}(x_i - \bar{x})(x_j - \bar{x})}{\sum\limits_{i=1}^{n}(x_i - \bar{x})^2} , i \neq j \qquad (2-3)$$

在本书中，$n = 31$ 代表我国大陆 31 个省级行政区域（由于数据原因未能包括中国香港、澳门、台湾地区），x_i 为第 i 个空间单元的经济增长情况（本书采用相对人均 GDP 指标），$\bar{x}$ 表示与之相邻区域的经济发展水平的平均值。Moran's 指数 I 的值界于 $-1 \sim 1$ 之间，其正负主要由 $(x_i - \bar{x})$ 与 $(x_j - \bar{x})$ 的关系所决定，当二者均为正或均为负时，则 $(x_i - \bar{x})(x_j - \bar{x})$ 必为正，代表邻近区域为正自相关；若 $(x_i - \bar{x})$ 与 $(x_j - \bar{x})$ 分别为一正一负时，则 $(x_i - \bar{x})(x_j - \bar{x})$ 小于 0，代表相邻区域为负自相关。同时，Moran's I 值为正且越大表示邻近区域的正相关性越强，呈现空间聚集；接近 0 表示相邻区域独立或不相关，呈现随机的分布；若小于 0，则表示相邻区域为负相关。Moran's I 是一个全局性的统计量，不能用来考察局部区域的空间相关性。

（二）局部空间相关性

局部空间相关性反映了考察变量在局部区域范围内空间相关的类型、程度和显著性。可以利用 Moran 散点图和局部相关指数 LISA（local indicators of spatial association）进行局部空间相关性分析，识别和检验考察变量的空间模式。

Moran 散点图描绘了考察变量（y）与其空间滞后项（Wy）的相关关系。根据 Moran 散点图的分布形式，局部空间相关性可以划分为高高聚集（high - high，HH）、低低聚集（low - low，LL）、低高聚集（low - high，LH）和高低聚集（high - low，HL）四种形式。高高或低低聚集是指若某一地区观测值较高（低）的话，则与其相邻区域的观测值也较高（低）。高高和低低属于局部空间正相关关系，低高和高低分布则属于局部空间负相关关系，又被称为非典型区。Moran 散点图可以在地图上直观地反映各个地区局部空间相关性的类型及其空间分布，但它不能用来检验空间模式的显著性，LISA 可以弥补这一不足。

局部相关指数（LISA）统计指数能够用于局部空间相关性分析。LISA 指数的主要作用在于，一方面，对于全部研究区域中的某个具体地区，LISA 指数能够指示空间相关是否显著；另一方面，对于全部研究区域的所有地区，LISA 指数之和与全局 Moran's I 指数存在比例关系，由于局部 Moran's I 指数能够达到 LISA 统计指数的标准。第 i 地区在第 t 年的局部 Moran's I 统计量的公式如下：

$$I_{i,t} = \frac{(x_{i,t} - \mu_t)}{m_0} \sum_j w_{ij}(x_{j,t} - \mu_t) \quad \text{其中} \ m_0 = \sum_i (x_{i,t} - \mu_t)^2 / n$$

$$(2-4)$$

公式（2-4）中，x_{it} 表示第 i 个地区在第 t 年的观察值；μ_t 表示全部区域在第 t 年所有观察值的平均数。如果局部 Moran's I 指数 I_{it} 大于零，则代表相近观察值在某一局部空间呈聚集态势；如果局部 Moran's I 指数 I_{it} 小于零，则代表相反的观察值出现聚集。通过将 Moran 观测图与 LISA 指数结合起来分析，就产生了所谓的 LISA 聚集分布地图，与 Moran 散点图相比，该地图仅显示局部 Moran's I 显著的地区及其局部相关类型。

四、分布动态方法

分布动态法从两个方面评估地区经济增长分布的演进：经济增长分布形状和经济增长内部分布的流动性。前者涉及地区经济增长的分布形态及随时间的变化，评估形状动态的一个重要方法是通过使用核密度估计量估计横截面的分布。后者是指各地区经济在一段时期后其在不同经济水平间的转移概率，它反映地区经济在一段时间后向上（下）一级经济水平转移的可能性。分布动态方法包括马尔可夫链方法和随机密度"核估计"法，前者将经济增长序列作为离散状态处理，而后者将经济增长序列作为连续状态处理。

（一）密度函数的核（Kernel）估计

本书采用核密度估计方法①，即利用"核估计"方法来估计经济增长

---

① 高斯 kernel 密度估计是一种以具有高斯（正态）分布的 kernel 函数（又称加权函数）来估计某一未知分布的统计学方法。其构造方法参见 Silverman（1986）。

分布的密度函数，从而揭示其演进过程。核密度估计是计量经济分析的非参数估计技术①，可以用来估计某随机变量的密度函数，其目的在于放松回归函数形式的限制，为确定或建议回归函数的参数表达式提供有用的工具，从而能在广泛的基础上得出更加带有普遍性的结论。最简单的随机变量的密度函数非参数估计是频数分布直方图，但是直方图对于原点的选择非常敏感，而且是非连续的。核密度函数估计通过平滑方法，对远离待估计点的观测值给予较少的权重的方法，用平滑的曲线代替直方图。

核密度技术估计原理可以用公式（2-5）计算，假设某随机变量 X 以 $f(x)$ 为密度函数且具体形式未知，其在某一点 x 的概率密度形式如下：

$$f(\hat{x}) = \frac{1}{Nh} \sum_{i=1}^{n} K(\frac{X_i - x}{h}) \qquad (2-5)$$

公式（2-5）中观察值共有 N 个，带宽（bandwidth，或平滑参数）为 h，$K(.)$ 是核函数。核函数（kernel function）是一种加权函数或平滑函数，它决定了曲线折曲的形态。核函数的具有多种形式，如四次（Quartic）密度核、高斯（正态）密度核、三角（Triangular）密度核、叶帕涅奇尼科夫（Epanechnikov）密度核等。带宽影响核密度估计的平滑性，带宽值越高，核密度曲线就越平滑，因此可以说带宽如何选择将会决定核密度分布形态。在具体实践中，观察值数量越多，带宽则应当越小，公认的方法是将 h 作为 N 的函数：

$$\lim_{N \to \infty} h(N) = 0, \ \lim_{N \to \infty} Nh(N) = N \to \infty \qquad (2-6)$$

在公式（2-6）表示的观察值个数及带宽选择中，可以证明核密度函数 $f(x)$ 计量估计是有效估计。

（二）马尔可夫链

马尔可夫链是一个随机过程 $\{X(t), t \in T\}$，该随机过程的指数集合 T 对应于各个时期，在 N 个有限状态空间中，对全部时间 t 和全部可能状态 j, i, i_k（$k=0, 1, 2, \cdots, t-2$），满足下式：

---

① 非参数估计方法的原理参见叶阿忠（2003）。经济计量研究中常用的是参数估计，即假定经济变量之间具有一定的函数关系，并且函数形式是可以确定的，可以写成带参数的形式进行估计，经典的线性回归和非线性回归就属于参数估计方法。而非参数估计的特点在于：回归函数的形式可以任意，没有任何约束，解释变量和被解释变量的分布也很少限制，因而有较大的适应性。

$$P\{X(t) = j \mid X(t-1) = i, X(t-2) = i_{t-2}, \cdots, X(0) = i_0\}$$
$$= P\{X(t) = j \mid X(t-1) = i\}$$

上式表明了一阶马尔可夫链的性质，即随机变量 X 在时期 t 处于状态 j 的概率仅取决于随机变量 X 在时期 $t-1$ 的状态。这一特性称为马尔可夫性，或称无后效性。

状态是随机变量可能出现或存在的状态，状态空间转移指从某种空间状态向另外一种空间状态变化，p_{ij} 为空间状态转移概率，指随机变量 x 从空间状态 i 改变为空间状态 j 的可能性，全部 p_{ij} 所构成一个 $N \times N$ 维矩阵，此即状态空间概率转移矩阵。

$1 \times N$ 行向量 F_t 代表了 t 时期观察值（本书中是省、市区人均 GDP）的空间分布状态，即某一空间状态出现的概率。则第 $t+1$ 时期空间状态形式表示为公式（2-7）：

$$F_{t+1} = F_t P \qquad (2-7)$$

若空间状态转移概率不随时间而改变，那么该空间马尔可夫链表现为时间平稳（time stationary）特征则有：

$$F_{t+s} = F_t P^s \qquad (2-8)$$

当式（2-8）中的 s 趋于无穷大时，可以得到 F_t 的稳态分布（ergodic distribution）或长期分布 F^*。如果马尔可夫链的空间转移概率矩阵 P 为规则（regular）矩阵①，则当 s 趋于无限大的时候，P^s 将会收敛为极限矩阵 P^*②，其秩为 1。

概率转移矩阵 P 和 F_0（初始分布）决定了一个马尔可夫链是否表现为时间平稳特性，因此计算转移概率矩阵 P 和初始概率分布 F_0 即成为空间马尔可夫链统计分析的重要工作。其中 p_{ij} 可以使用最大似然方法进行估计：

$$\hat{p}_{ij} = \frac{n_{ij}}{n_i} \qquad (2-9)$$

公式（2-9）中的 n_{ij} 代表在考察时间内某一地区由状态 i 转换为状态

① 矩阵 A 是正规概率矩阵或标准概率矩阵，A^m（$m = 1, 2, \cdots$）满足下列条件：$a_{ij} > 0$ 且 $\sum_{j=1}^{N} a_{ij} = 1$。

② P^* 矩阵是由 N 个相同的行向量组成的，行向量中的元素就是稳态概率分布 F^*。

j 的统计次数，其中 n_i 是状态 i 出现总次数统计值。公式（2-9）初始的概率分布情况主要取决于对空间状态如何划分，一般情况下，在分析经济增长分布空间演进方面，需要进行恰当的状态情况划分，以使每种空间状态划分都能够具有相近的初始概率。

第二节　区域经济增长的时空演进规律分析

20世纪90年代最新发展的分布动态方法可以直观地描述区域经济增长的形状和分布特征随时间的演变，是一种更能描述事实现象的一种非参数的估计方法，相对于传统分析方法而言具有非常明显的优势。本书应用分布动态法分析我国区域经济增长空间分布的动态演进，具体包括核密度估计和马尔可夫转移矩阵，分别对应连续型和离散型分布，通过核密度图描述中国省区经济增长分布的动态形状，采用马尔可夫链法分析中国省区经济增长的演进规律和收敛模式，同时利用较为先进的随机核密度估计方法结合三维图形和等高线图对我国的区域经济增长动态演进模式进行分析。

一、区域经济增长分布演进的核密度估计

用人均GDP来代表各省区的经济发展水平，并使用省区人均GDP与全国人均GDP之比即全国相对人均GDP考察区域经济在全国所处的位置，这可以控制全国物价变动、商业周期和全局性冲击下的地区共同运动的影响。为了考察中国地区经济增长分布的演进特征，我们使用SAS软件估计了1978～2014年全国相对人均GDP的密度函数，核函数和带宽为KDE命令的默认值，其中核函数是高斯（正态）密度函数，对于估计正态密度函数是最优的，估计结果如图2-1所示。

图2-1给出了1978年、1988年、1998年和2014年的分布曲线之间的比较，为了便于对比观察我国区域经济增长分布的动态演变，在图2-1（a）中给出了1978年和2008年的核密度曲线进行对比，并在图2-1（b）、2-1（c）和2-1（d）中分别对1978年与1988年、1988年与1998年和1998年与2014年的核密度分布进行了比较。图中横轴为相对人均GDP，1代表全国平均水平，2代表平均水平的2倍，以此类推，根据图中核密度曲线形状及其变动情况可以看出区域经济增长分布形态演进的主要特征。由图2-1（a）可以发现，1978～2014年期间，我国地区经济

增长总体表现为由多峰到双峰、由"尖峰"到"宽峰"的演进模式，但实际上区域经济增长趋势并非始终如一，从图 2-1（b）、2-1（c）和 2-1（d）中对我国区域经济增长每隔 10 年（最后一段为 16 年）的情况进行比较结果发现，其是在不同的发展阶段呈现出不同的特征，具体如下：

（a）1978年和2008年对比

（b）1978年和1988年对比

（c）1988年和1998年对比

（d）1998年和2014年对比

图 2-1　中国省区人均 GDP 分布密度的 Kernel 估计

　　从图 2-1（b）中 1988 年与 1978 年全国人均 GDP 分布的核密度函数特征来看，区域经济增长的主峰都位于全国平均水平的左侧，表明绝大多数省区的经济水平都低于全国平均水平，且 1988 年相对于 1978 年的主峰略向左移，说明低经济增长地区有更趋落后的态势，同时主峰的核密度随时间的推移在逐渐下降，形态变得平缓，表明主峰内部省区间的经济差距略有扩大；除了主峰之外，在较高的经济增长水平区段还存在几个小的波峰，其中 1978 年相对人均 GDP 的分布由 1 个主峰 3 个次峰构成，通过对比图 2-1（b）相关联的数据表（这里从略）可以发现，其中黑龙江和辽宁、北京和天津、上海等地区分别代表经济发展的 3 个高水平俱乐部，表明省区经济分布表现为"多极化"态势；到 1988 年次峰减少为两个，黑龙江和辽宁代表的高水平俱乐部并入主峰，表明在局部地区存在经济增长收敛现象；还可以发现，随着时间的推移，次峰均逐渐向左侧移动，表明不同俱乐部收敛省区的差距在逐步缩小，但主要是高水平俱乐部向低水平俱乐部靠拢。因此，整体上1978～1988年全国区域经济增长表现出收敛态势，地区经济差距得到了有效控制，但这主要是发达地区经济发展不足造成的。

1988～1998年，是我国改革开放不断深入和市场化竞争日益加剧的阶段。从核密度函数图2-1（c）来看，地区经济发展并没有出现进一步的收敛特征，地区经济发展又呈现多极化态势，1998年我国区域经济增长又出现了3个次峰，分别是江苏和浙江、北京和天津、上海等地区为代表的3个高水平俱乐部；同时可以发现，主峰和次峰之间的距离在拉大，其中主峰略向左移，而次峰则显著右移，表明两个俱乐部收敛省区的经济差距在扩大，经济发展分别向两极分化，相对于全国平均水平来讲，一方面是落后地区的水平略有下降，另一方面是发达地区的经济水平显著提高。

1998年以来，国家开始实施区域经济均衡发展战略，先后出台了西部大开发、东北振兴、中部崛起等发展措施。根据图2-1（d），这一时期地区经济发展出现多峰向双峰模式转变的趋势，以江苏和浙江、北京和天津为代表的两个次高峰并入主峰的右尾，区域经济增长又呈现收敛态势；同时，主峰变得更加平缓，呈"宽峰"形态，表明主峰内部省区的经济差距较大；主峰和次峰之间的距离又有所缩小，表明不同俱乐部收敛省区的差距缩小，但主要是低水平俱乐部向高水平俱乐部靠拢，表明相对于全国平均水平来看，落后地区的经济发展水平得到显著提高，大多数地区逐渐接近全国平均水平，表明20世纪90年代末以来实施的区域均衡发展战略取得了显著成效。

总体来看，1978～2014年，中国区域经济增长的所有主峰都位于全国平均水平的左侧，分布密集区在0.5～1之间，表明中国大多数省区的经济水平都低于全国平均水平，且大多数地区在分布中的相对位置倾向于保持不变，即具有持久性；动态来看，改革开放以来，中国省区经济增长的分布形态经历了"多极化——收敛——发散——双峰"趋同的变化过程，其中，俱乐部收敛省区内部的经济发展差距有所扩大，俱乐部间的发展差距经历了"缩小—扩大—缩小"的过程，其主导因素先后表现为高水平俱乐部向低水平俱乐部靠拢、两极分化、低水平俱乐部向高水平俱乐部靠拢的过程。

二、区域经济增长分布演进的马尔可夫链分析

为了考察经济增长分布的动态性，通过估计马尔可夫链的转移概率矩阵跟踪区域相对人均 GDP 的演进。本书对间隔期的选取分别为 1 年、5 年和 10 年，以考察区域经济增长分布动态的稳定性。根据历年各省区人均 GDP 与全国人均 GDP 之比，将全国人均 GDP 的整个取值区间划分为有限的、不交叉、完备的 5 个区间，对应于经济增长水平的 5 种状态。根据奎哈（Quah）的建议，通过恰当的状态划分尽量使每一种状态的出现概率都相同，因此本书的具体分组情况如表 2-1 所示。共分为 5 组并力求使得在考察期初（1978 年）每个组包含的观测值数目尽量接近，各组分别用 L_1、L_2、L_3、L_4、L_5 代表低水平地区、较低水平地区、中等水平地区、较高水平地区和高水平地区，对应全国人均 GDP 的分布区间为 (0, 0.687)、(0.687, 0.793)、(0.793, 0.934) 和 (0.934, 5.436)、(5.436, +∞)。接下来根据公式（2-9）估计转移概率矩阵并计算稳态分布，利用比亨巴赫和博德（Bichenbach and Bode, 2003）的 Q 检验转移矩阵平稳性，表明整个时期转移概率矩阵相同，故本书对整个考察期进行马尔可夫链分析。表 2-1 给出了 1978~2008 年各省相对人均 GDP 在第 t+1 年、t+5 年和 t+10 年发生类型转移的概率估计；并计算得出各类型的稳态分布概率，若稳态分布中中等经济水平地区占较高的比例，一般意味着收敛，而若低水平和高水平状态的地区比例较高，则往往意味着两极分化。

表 2-1 中，对角线上的元素表示省区经济类型在 t+i 年没有发生变化的概率，非对角线上的元素表示其在不同类型之间转移的概率。例如，从第 t 年和 t+1 年的对比来看，1978~2014 年各省经济发展水平低于全国平均水平 56.4% 的观察值总共出现次数为 193 次，其中 94.3% 的地区在下一年仍保持该类型不变，只有 5.7% 的地区人均 GDP 的等级上升至 68.7% 之内。根据表 2-1，可以发现 1978~2014 年中国省区经济增长分布的动态变化特点如下：

表 2-1　　1978~2014 年全国相对人均 GDP 的转移概率矩阵

t \ t+1	L_1	L_2	L_3	L_4	L_5	样本数（n）
L_1	0.943	0.057	0.000	0.000	0.000	193
L_2	0.062	0.866	0.072	0.000	0.000	194
L_3	0.000	0.084	0.816	0.101	0.000	179

t \ t+1	L₁	L₂	L₃	L₄	L₅	样本数（n）
L₄	0.000	0.000	0.138	0.793	0.069	116
L₅	0.004	0.000	0.000	0.016	0.980	248
稳态分布	0.209	0.167	0.139	0.098	0.387	
t \ t+5	L₁	L₂	L₃	L₄	L₅	样本数（n）
L₁	0.840	0.160	0.000	0.000	0.000	162
L₂	0.225	0.609	0.166	0.000	0.000	169
L₃	0.012	0.191	0.531	0.210	0.056	162
L₄	0.000	0.038	0.231	0.548	0.183	104
L₅	0.000	0.005	0.014	0.038	0.943	209
稳态分布	0.248	0.171	0.114	0.085	0.382	
t \ t+16	L₁	L₂	L₃	L₄	L₅	样本数（n）
L₁	0.825	0.175	0.000	0.000	0.000	120
L₂	0.350	0.445	0.175	0.022	0.007	137
L₃	0.064	0.200	0.364	0.229	0.143	140
L₄	0.000	0.167	0.289	0.300	0.244	90
L₅	0.000	0.018	0.018	0.067	0.896	164
稳态分布	0.399	0.184	0.086	0.060	0.272	

第一，根据表2-1中的省区经济发展水平转移概率矩阵，对角线上的转移概率都远远大于非对角线上的元素，表明人均 GDP 的分布比较稳定，地区所属经济类型的稳定性很强，组间的流动性较低，向其他经济类型转移的可能性小。根据经济发展水平最低和最高的两组数据可以发现，其位于主对角线上的概率值为最高，意味着最穷和最富地区在经济增长分布中相对位置很稳定，一般不随时间变化。尤其是高水平省区，其在第 t+1 年、t+5 年、t+16 年仍处于高经济水平的概率为 98%、94.3% 和 89.6%，向下转移的概率仅为 2%、5.7% 和 10.4%，说明发达省区经济增长存在趋同趋势，体现了经济增长类型的持续性。低水平省区在第 t+1 年、t+5 年、t+16 年仍处于低经济水平的概率为 94.3%、84% 和 82.5%，向上转移的概率分别为 5.7%、16% 和 17.5%，表明落后省区经济增长也相对稳定。相对于低经济水平和高经济水平省区而言，中低水平和中高水平省区向上和向下转移的概率稍大，说明处于中间状态的区域经济增长状态相对不太稳定，较易向其相邻类型区域发生转移，可见中国存在低水平和高水平两个聚集区，这与前文利用核密度函数估计发现的中国区域经济增长的双峰趋同特征相符。

第二，随着考察间隔期的延长，区域经济发展的活跃度增加，区域增长格局类型变动较大。如低水平、较低水平、中等水平、较高水平和高水平地区在 1 年后仍处于本类型区域的概率分别为 94.3%、86.6%、81.6%、79.3% 和 98%，5 年后仍处于本类型区域的概率分别下降至 84%、60.9%、53.1%、54.8% 和 94.3%，而在 16 年后仍处于本类型区域的概率则降至 82.5%、44.5%、36.4%、30% 和 89.6%。特别是处于经济发展中间层面的地区尽管在短期内增长形态相对稳定，但在长期内则发生了很大变化，如较高经济水平地区在 16 年后仍处于本类型的概率仅为 30%，分别有 45.6% 的地区向下转移和 24.4% 的地区向上转移。其中属于较低和较高经济发展水平的地区长期来看更容易向下转移，而属于中等经济发展水平的地区向下和向上转移的概率接近，向上转移的可能性略大于向下转移的可能性。因此总体上处于我国区域经济增长的中间状态的地区将不断分化，并且多表现为向低水平区域聚集，这与前文利用核密度函数估计发现的中国区域经济增长主峰呈"宽峰"形态相一致。

第三，从稳态分布概率来看，中国区域经济增长具有极化的特征，不存在向平均水平收敛的趋势。由于稳态分布可代表区域经济发展水平分布的长期均衡状态，若稳态分布集中在全国平均水平周围，则意味着趋向均值的绝对收敛；若稳态分布分别收敛于不同的经济发展水平，可以认为区域经济增长分布演进具有的俱乐部收敛分级趋势；若各地区的经济发展水平较均匀地分布于所有的状态，则表明区域经济增长呈发散趋势。从表 2-1 中，根据我国区域经济增长马氏链稳态分布概率可以发现，人均 GDP 最低和最高两种类型的地区在最终稳态概率分布中占比最高，而属于中间经济增长状态的地区，所占比例明显较少。随着考察间隔时期的变长，区域经济水平最低和较低地区所占比例显著增加，经济增长水平最高的地区所占比例略微下降，说明富裕俱乐部比较稳定，而中间类型地区经济增长水平倾向于向贫困地区发展，地区之间的经济增长差距具有一定持久性。

三、区域经济增长分布演进的随机核密度估计

马尔可夫链方法能够在一定程度上描述中国省区经济增长分布的动态变化，但其计算过程中对人均 GDP 序列任意离散化可能会产生估计偏差，而随机核密度估计是对随机过程中状态转换的概率密度函数的估计，可以弥补马尔可夫链分析方法的不足。

图 2-2 是中国省区相对人均 GDP 分布的随机核密度估计结果的三维图形及等高线图。其中，图形 Y 轴为第 t 年的省区相对人均 GDP，X 轴为第 $t+i$（$i=1$, 5, 16）年省区相对人均 GDP，垂直于 X-Y 平面的 Z 轴为

随机核密度，代表在 X－Y 平面内每一点的密度（或条件概率），与 X 轴平行直线表示从 Y 轴到 X 轴上任一点的转移概率，表示从第 t 年到第 t＋i 年区域经济发展水平分布变化的转移概率及趋势。若随机核密度集中于沿着 X－Y 平面的正 45 度对角线上，则表明第 t＋i 年的省区人均 GDP 分布与第 t 年相同，未发生显著变化；若随机核密度集中在平行于 Y 轴的直线上，则表明在 t＋i 年所有省区的经济水平都相同，区域增长在某一经济水平出现收敛；若随机核密度集中在平行于 X 轴的直线上，则表明区域经济水平在初始的第 t 年都相同，而在第 t＋i 年各不相同，省区增长出现发散；若随机核密度集中于沿着 X－Y 平面的负 45 度对角线上，则表明区域经济增长格局发生突变，在初始状态（第 t 年）富裕的省区在第 t＋i 年变的贫困，而贫穷省区则变得富裕。根据图 2－2，可以发现 1978～2008 年中国省区经济增长分布的动态变化特征。

（a）第t和t+1期中国省区人均GDP随机核密度估计三维图和等高线图

（b）第t和t+5期中国省区人均GDP随机核密度估计三维图和等高线图

图 2－2　中国省区人均 GDP 随机核密度估计三维图和等高线图

（c）第t和t+16期中国省区人均GDP随机核密度估计三维图和等高线图

图2-2　续图

第一，在图2-2（a）、图2-2（b）、图2-2（c）中，随机核估计的概率密度都主要集中在正对角线上，表明中国区域经济水平分布格局的持久性较强，大多数地区的经济发展水平在国内所处的位置至$t+i$年没有发生改变，从二维的密度等高线图中可以更加清晰地观测到这一特征，等密度线主要集中在正对角线上，这也证实了前面马尔可夫链分析的结论：区域经济增长水平的流动性差而持续性强。

第二，尽管短期内区域经济增长格局变动不大，但在较长的时期内考察，则发现中国区域经济增长呈两极分化趋势。从图形上看，整体上我国区域经济增长的随机核密度呈三个峰，第一个峰是位于0.6附近小于全国经济平均水平的主峰，另外两个是位于3.0附近和6附近的次峰。随着考察期的延长，发现第一个峰和第三个峰变得更加陡峭，而中间的峰则变得相对平缓，即随着时间的推移，低经济平均水平和高经济平均水平的随机核密度在增加。这表明处于经济发展中间层面的地区在长期内会逐渐向两端分化，因此总体上我国区域经济增长将呈现两极分化的趋势。例如陕西、吉林、黑龙江、辽宁等省区由原来处于中等经济水平下降到了较低经济水平的行列，山东、内蒙古等由经济水平中下水平则通过较快发展进入较高区域，经济水平相对较高的上海、江苏、浙江、广东则仍在不断提高。从我国区域经济增长水平及发展趋势可以发现，1978年至今中国省区经济增长动态分布呈现空间聚集特征，其中东部和中部地区经济增长的收敛模式呈现由北到南的带状聚集模式，西部地区经济增长呈西北和西南的块状分布。

第三，由密度等高线图发现，在图2-2（a）中45度对角线几乎将等高线平分，而在图2－2（b）和图2－2（c）中等高线位于45度线的下方偏多，表明尽管短期内落后省区经济增长并不理想，其脱离"贫困陷阱"的可能性较小；但在长期内，落后省区经济水平与全国平均水平相比，均呈上升趋势。说明随着国家区域经济均衡发展战略的实施，低水平俱乐部的整体发展水平在逐步提高，落后地区的经济发展水平得到发展，大多数地区逐渐接近全国平均水平，表明20世纪90年代末以来我国实施的区域均衡发展战略有助于落后地区脱离"贫困陷阱"，这也与前文利用Kernel核密度函数估计的结果相一致。

第三节　区域经济增长分布的空间相关分析

1978～2014年，我国实际GDP由3 645.2亿元增加到636 463亿元，实际人均GDP由381元增加到7 575美元，在此期间，各省份的经济总量和人均收入也呈现出显著的上升趋势。但与这种快速增长相伴随的是，中国地区间的经济增长速度与居民生活水平存在明显差异，东部沿海地区的经济增长率在30多年来始终高于中、西部地区。为了能够较为全面地反映我国现阶段各地区的经济发展状况，以及各地区在经济发展过程中所呈现出的不同变化规律和运行特征，就需要对我国各省份间经济发展水平的差异程度和空间分布特征进行定量分析，并研究我国的地区经济增长模式是否具有收敛性特征。

一、全局空间相关性分析

（一）基于省级空间尺度的全局空间相关性分析

我们考察了1978～2014年各省绝对人均GDP（1978年为基数）和相对人均GDP两个变量的全局空间相关性，表2－2和2－3列出了相应的Moran's I检验结果，表中W_{R1}、W_{R2}、W_d分别代表基于一阶、二阶标准化的Rook相邻矩阵和距离倒数平方的权重矩阵计算所得的Moran's I指数。

从表2－2可以看出，区域经济增长区域自相关系数Moran's I均大于0，并且绝大多数都通过了5%显著性水平的检验，表明我国的31个省级行政区之间，以真实人均GDP代表的区域经济发展水平在空间分布上具有明显的正自相关关系和空间依赖性。区域经济发展水平较高的地区趋于和高水平地区相靠近，区域经济增长较低的地区趋于和低水平地区相邻，说明人均GDP在空间上集聚分布，这可能意味着区域外溢显著存在。表

2-2还表明，基于二阶相邻的 Moran's I 统计量值明显减小，而且显著性水平也降低了，意味着省区之间的溢出效应随距离衰减，区域外溢的作用范围是有限的。

表2-2　　　　　省级空间尺度上人均 GDP 的 Moran's I 检验

年份	Moran's I（P 值）		
	W_{R1}	W_{R2}	W_d
1978	0.127（0.088）	0.009（0.255）	0.022（0.224）
1983	0.154（0.057）	0.022（0.193）	0.035（0.172）
1988	0.210（0.020）	0.051（0.093）	0.077（0.063）
1993	0.260（0.007）	0.083（0.035）	0.104（0.029）
1998	0.292（0.003）	0.107（0.014）	0.138（0.009）
2003	0.334（0.001）	0.129（0.006）	0.168（0.003）
2008	0.353（0.001）	0.157（0.002）	0.192（0.001）
2009	0.361（0.001）	0.159（0.002）	0.201（0.001）
2010	0.373（0.001）	0.161（0.002）	0.204（0.001）
2011	0.375（0.001）	0.162（0.002）	0.210（0.001）
2012	0.380（0.001）	0.164（0.002）	0.220（0.001）
2013	0.390（0.001）	0.167（0.002）	0.231（0.001）
2014	0.392（0.001）	0.170（0.002）	0.232（0.001）

注：（1）计算及检验结果是使用 STARS：Space – Time Analysis of Regional Systems 软件计算，下同。（2）表中括号外的数字为 Moran's I 统计量值，括号内的数字为显著性水平。

对 1978～2008 年间基于三种不同权重矩阵基础上测算的省级经济增长 Moran's I 指数进行绘图，可以观察我国区域经济增长空间相关关系随时间变动的情况，如图 2-3。由表 2-2 和图 2-3 可以发现，随着时间的推移，我国的地区经济增长的 Moran's I 指数越来越大，其显著性水平也逐渐增强，虽然在 20 世纪 80 年代末和 90 年代初略有波动，但整体发展趋势非常明显，表明我国区域经济发展水平的正自相关关系和空间依赖性不断加强。但是，2003 年以来 Moran's I 指数增长速度趋缓，表明近年来在我国区域均衡发展战略下，区域经济增长的空间聚集有所缓解。同时还可以看到，三种不同类型权重矩阵计算得到的 Moran's I 统计量具有十分类似的波动形态，表明空间权重矩阵的设置方式对 Moran's I 指数变化趋势的影响不大，本研究的计算结果具有较强的稳定性。

图 2 - 3　不同空间权重矩阵下的 Moran's I 指数计算结果

注:基于数据可得性和分析的可能性,本表数据分析结果仅至 2008 年,2008~2014 年数据的分析将在立项后进行继续深度的研究分析。

(二) 基于地级空间尺度的全局空间相关性分析

本书基于地市级空间尺度的地理分析单元共 289 个,考察期为 1994~2013 年,使用类似的方法,对我国地级尺度上经济增长的空间相关关系进行 Moran's I 检验。结果如表 2 - 3 所示。

表 2 - 3　　　　地级空间尺度上人均 GDP 的 Moran's I 检验

年份	Moran's I (P 值)		
	W_{R1}	W_{R2}	W_{R3}
1994	0.1479 (0.004)	0.0787 (0.004)	0.0487 (0.004)
1996	0.1668 (0.005)	0.0853 (0.002)	0.0536 (0.005)
1998	0.2418 (0.001)	0.1427 (0.001)	0.895 (0.001)
2000	0.2604 (0.001)	0.1546 (0.001)	0.954 (0.001)
2002	0.2851 (0.001)	0.1695 (0.001)	0.1046 (0.001)
2004	0.3254 (0.001)	0.1893 (0.001)	0.1172 (0.001)
2006	0.3707 (0.001)	0.2008 (0.001)	0.1242 (0.001)
2007	0.3917 (0.001)	0.2133 (0.001)	0.1322 (0.001)
2008	0.3917 (0.001)	0.2133 (0.001)	0.1322 (0.001)
2009	0.3938 (0.001)	0.2155 (0.001)	0.1343 (0.001)
2010	0.3968 (0.001)	0.2165 (0.001)	0.1356 (0.001)
2011	0.3980 (0.001)	0.2173 (0.001)	0.1366 (0.001)
2012	0.3991 (0.001)	0.2185 (0.001)	0.1377 (0.001)
2013	0.3995 (0.001)	0.2190 (0.001)	0.1387 (0.001)

注:基于省级和地市级之间的现状差异,本篇的分析数据截至 2013 年。

表 2 - 3 列出了 1994 ~ 2013 年地级空间尺度上人均 GDP（当年价格）的 Moran's I 指数及其检验结果。可以发现，在地区级经济层面上，不仅基于一阶空间权重矩阵测算的相关性在 1‰ 的水平上显著，而且基于二阶权重矩阵和三阶权重矩阵的 Moran's I 也在 1‰ 的水平上显著，这表明，我国地市级空间尺度上的区域经济发展表现出了更加显著的空间集聚特征，同时 Moran's I 统计量值随相邻阶数的增加而逐渐下降，但某一地区的经济增长不仅受到其周围相邻地市的影响，而且受到"邻区的邻区"甚至"邻区的邻区的邻区"的影响。

二、局部空间相关性分析

（一）基于省级尺度的局部空间相关性分析

根据公式（2 - 4）对 1978、1988、1998 和 2014 年我国各省区人均 GDP 局部空间自相关 I 统计量进行计算，并根据计算结果将我国各省经济增长的空间分布情况划分为"高高（HH）""低低（LL）""低高（LH）"和"高低（HL）"四种类型。若某一省区的局部 Moran's I 统计量高于全国均值且与其相邻省区的 Moran's I 统计量也高于全国均值，则其分布类型属于"高高"，若该省的局部 Moran's I 统计量高于全国均值而与其相邻省区的 Moran's I 统计量却低于全国均值，则其分布类型属于"高低"，其余分类以此类推。我国省区经济增长的空间分布类型如表 2 - 4 和图 2 - 4 所示。

在表 2 - 4 中可以发现，整体来看，我国区域经济增长分布中属于"HH"和"LL"种类的最多，尤其是我国大多数省区经济增长都呈现出"LL"聚集分布的特征，这与全局空间正相关是一致的。在 1978 年，我国绝大多数地区（22 个省区）属于"LL"聚集，4 个省区为"LH"分布，除位于东部的北京、天津、辽宁、黑龙江和上海之外，其他省区都属低经济水平地区，东北地区的吉林省与辽宁、黑龙江相比，在经济总量、产业结构、对外开放度等方面都相对落后，因此，吉林落入第二象限之列。到了 1988 年，经济发展水平高的地区数由 5 个增加至 7 个，新增江苏、浙江和广东，且上海、浙江、江苏进入"HH"区域，这些地区的迅速崛起，有其自身地理位置优越、政府倾斜政策等有利条件的倚靠，但也与和发达省市相邻获得空间溢出效应密不可分，尤其是江苏和浙江在上海的溢出和带动下，表现出良好的发展势头。广东省经济发展的突飞猛进，但与之相邻的广西、湖南、江西的经济水平仍不高，故表现为空间上的负相关性。东北地区的黑龙江省下滑至"LL"区域，1978 年改革开放刚起步的时候，东北三省作为新中国工业的摇篮，既是我国重化工业的重要基地，也是重要的农副产品生产基地，因此黑龙江省的经济水平位于全国前列，但在改革开放进程中，东北老工业基地企业设备和技术老化，资源型城市主导产业衰退，经济发展相对缓慢，被沿海发达地区超越。1998年的情况来看，福建省进入"HH"聚集区域，其他省区变化相对较小。2014年的情况则出现了较大的变动，其中内蒙古和山东进入经济发展高水平区域，并且显著高于其周围地区的发展水平。海南、安徽、吉林和黑龙江的经济发展水平为"LH"类型，说明这些地区的周围地区的经济水平提高了。

表 2 - 4 　　　　　　　　　　　我国区域经济增长类型的空间分布

年份	HH	HL	LH	LL
1978	北京，天津	辽宁，黑龙江，上海	河北，吉林，江苏，浙江	其他
1988	北京，天津，上海，江苏，浙江	辽宁，广东	河北，吉林，海南	其他
1998	北京，天津，上海，江苏，浙江，福建	辽宁，广东	河北，海南	其他
2014	北京，天津，上海，江苏，浙江，福建	辽宁，广东，内蒙古，山东	河北，海南，吉林，黑龙江，安徽	其他

从表 2 - 4 可以看出，中国省区经济表现出了明显的集聚与不平衡发展的空间格局。人均 GDP 水平相似的地区倾向于在空间上邻近，高水平地区（HH 和 HL）几乎全部聚集在东部沿海，在地图上呈现为由南到北的带状形态；人均 GDP 较低的地区（LL 和 LH）则主要分布于广大中西部地区，并且这种分布具有空间和时间上的连续性。从时间演进趋势来看，改革开放 30 年来，我国四类经济相关性地区明显呈块状分布，且不同梯度经济水平地区在空间分布上依次由东到西呈连续性而非跳跃性布局，东部省市间的空间溢出或辐射使得 HH 型省市由 1978 年的零星分布变为 2014 年在东部沿海地区的连续带状分布，成为我国高经济水平的聚集区。但中西部经济发展水平低，尤其是西部地区，有落入贫困性陷阱的趋势。整体而言，我国形成了富裕地区和贫困地区两个集聚区。

为进一步分析改革开放 30 年来我国区域经济增长空间布局的变动

情况，对1978～2014年省级区域局部空间相关性的动态变化情况统计如表2－5所示，表中的数据表示由一个状态转换为另一个状态的地区数。

表2－5　　　　　1978～2014年省级区域局部空间相关性的动态变化

期初数	期初/期末	HH	LL	HL	LH
2	HH	2	0	0	0
22	LL	1	16	3	2
3	HL	1	0	1	1
4	LH	2	0	0	2
	期末数	6	16	4	5

在表2－5中可以发现，一方面HH和LL类型的地区比较稳定，而HL和LH类型的地区发生转变的可能性较大，说明后两类地区具有过渡区的属性。例如，1978年HH和LL类型的地区分别有2个和16个，至2014年，这两个HH类型的地区（北京和天津）均未发生转变，LL类型的地区也仅有6个地区转变为其他类型。而1978年HL和LH类型的地区分别有3个和4个，至2014年，各有2个地区发生了类型转变。另一方面可以发现，我国区域经济增长存在较明显的近邻效应，相邻地区的经济增长水平的高或低，会对本地区的经济增长产生正面或负面的影响，从而使得各地区倾向于向本区域的平均水平收敛，即表现出空间俱乐部收敛的局部同质性特征。例如，LH和LL类型的地区，二者的经济增长均为较低水平，但LH转变为HH的比例为50%（即期初LH类型的地区中有50%在期末转变为HH的类型），而LL转变为HL或HH的比例为18%，表明某一地区周围区域的经济增长水平较低，对于该地区相对经济增长水平的提升是不利的；再如，HH转变为LH的比例为0，而HL转变为LH的比例为33.33%，一个地区拥有经济增长水平较高的邻区，有助于阻止该地区的相对经济增长水平下降。

（二）基于地级尺度的局部空间相关性分析

由表2－6可以看出，我国地级区域发展水平的空间分布更为复杂，整体上呈现出东中西部地区的不平衡发展格局，以及各地区内部甚至省内的不平衡发展格局。与1994年相比，2013年属于HH和LL类型的地区增多，分别由1997年的47个和176个增加至52个和182个，空间集聚特征更加明显，且增加HH类型的地区主要集中在东部沿海，使得东部沿海的高发展水平聚集更为显著。中西部属于 HL 类型的地区多为省会城市、资源型或工业型城市。在地级空间尺度上 HL 和 LH 类型的地区较稳定，过渡区特征并不明显。

为进一步分析我国地区层面上经济增长空间布局的变动情况，对 1994～2013 年地市级区域局部空间相关性的动态变化情况统计如表 2 - 6 所示。

表 2 - 6　　　1993～2013 年地级区域经济增长局部相关性的动态变化

期初数	期初 ＼ 期末	HH	LL	HL	LH
47	HH	42	2	2	1
176	LL	4	159	6	7
36	HL	4	13	19	0
30	LH	2	8	0	20
	期末数	52	182	27	28

从表 2 - 6 可以发现，一方面，地市级区域经济增长动态变化与省级区域局部空间相关性的动态变化类似，HH 和 LL 类型的地区很稳定，而 HL 和 LH 类型的地区，发生类型转变的可能性较大，但 LH 类型的地区要相对稳定一些。另一方面，局部空间相关性的动态变化同样表现出了明显的区域外溢，近邻效应显著影响区域经济增长，空间俱乐部收敛的特征更加明显。例如，LH 类型的地区转变为 HH 或 HL 的概率要高于 LL 地区，其原因在于 LH 类型地区邻近发达区域，易于接受发达地区的经济增长外溢，从而经济增长水平较易提升，而对于 LL 类型的地区而言，摆脱贫困陷阱的难度更为艰巨。数据还表明，HL 类型地区陷入贫困状态的概率为 36%，表明即使自身经济发展水平较高，但若与贫困地区相邻，则会有较大可能被周围地区所拖累而陷入贫困。

三、省级和地级空间数据探索分析的比较结果

第一，无论省级层面还是地级层面，区域经济增长的全局空间相关性分析发现，其空间集聚特征都非常显著，且空间关联程度随距离衰减，表明区域经济增长外溢效应随距离衰减。但是，省级层面上的空间相关仅在于相邻地区之间较为显著，而在地级尺度上，高阶空间相关性仍然很显著，表明地级空间尺度上的区域外溢强度和显著性更为强烈。

第二，我国区域经济增长水平相似的地区倾向于在空间上邻近，从省

级与地级层面的经济增长来看，都表现出不平衡发展的空间分布格局，东部沿海为经济增长高水平的聚集区，西部广大区域则多表现为低水平聚集，整体而言，我国形成了富裕地区和贫困地区两个集聚区。并且这种分布具有空间和时间上的连续性。

第三，动态来看，根据我国区域局部相关性的演进趋势，表明一个地区的经济增长明显受相邻地区的影响，区域外溢和近邻效应，使得区域经济发展趋向空间俱乐部收敛。其中 HH 和 LL 类型的地区都比较稳定，而 HL 和 LH 类型的地区则具有过渡性质，某一地区周围区域的经济增长水平较低，不利于该地区经济增长水平的提升，而一个地区拥有经济增长水平较高的邻区，有助于阻止该地区的相对经济增长水平下降。在地级空间尺度上，HL 类型的地区要相对稳定一些。

第四节　引入空间因素的区域经济增长时空演进规律分析

从中国区域经济发展格局和趋势来看，区域经济发展集聚意味着地区之间存在一定程度的相互作用，某一地区经济发展速度、发展状态转移概率可能会受到其他地区，尤其是相邻地区的影响，即区域经济发展水平转移概率存在空间相关性。因此本书明确把空间因素引入区域经济增长时空演进的分析框架，在传统的马尔可夫转移矩阵和核密度估计方法中引入空间因素，考察地理空间效应对中国区域经济增长演进的影响。

一、引入空间因素的马尔可夫链分析

传统马尔可夫链分析不能解释一个地区经济水平向上或向下转移的概率受哪些因素影响，例如具有相同经济水平的地区缘何向相异的方向演进，某一地区高经济水平地位不断巩固或陷入"贫困陷阱"的原因为何等。这些问题实质上与空间因素相关，这里运用空间马尔可夫链分析方法考察中国省区经济增长的动态分布。采用与前面马尔可夫分析相同的经济增长状态划分方法，将初始年份相邻地区人均 GDP（空间滞后项）细分为 5 组，分别用 L_1、L_2、L_3、L_4、L_5 代表低水平地区、较低水平地区、中等水平地区、较高水平地区和高水平地区，这样传统的马尔可夫转移概率矩阵被分解为 5 个以空间滞后项为条件的空间马尔可夫转移矩阵。其中，若某一地区空间滞后项属于 s 组，其由第 i 组转变为第 j

组的概率可以表示为 $m_{ij}(s)$。若存在显著的空间效应，则传统马尔可夫转移矩阵与空间马尔可夫转移矩阵将会存在明显差异，即 $m_{ij}(s) \neq m_{ij}$，否则 $m_{ij}(s) = m_{ij}$。

使用 STARS（space – time analysis of regional systems）软件进行计算，并在表 2 – 8 给出了中国相对人均 GDP 的空间马尔可夫转移概率矩阵，可以发现其与传统马尔可夫矩阵估计结果既有相似之处也有独特之处，具体如下：

第一，与传统马尔可夫转移概率矩阵计算结果类似，空间马尔可夫转移概率矩阵主对角线上的元素相对较大，而非主对角线上的元素较小，这也表明省区经济增长分布具有稳定性和持久性。同时也可以发现，短期内区域间经济增长状态相对稳定，区域增长差距变动不大，但长期内则相对较为活跃，处于中等发展水平的地区呈现向两端分化的趋势。

第二，我国区域经济增长的近邻效应较为显著，某区域相邻地区经济发展水平较高，对该地区经济增长状态转移会产生积极的影响；相反，与较低发展水平的地区相邻，则会对该地区的经济增长不利。例如，较低经济水平地区若与中等经济水平地区相邻，则其在经过 1 年、5 年和 16 年后经济发展状态向上转移的概率分别为 0.083、0.106 和 0.140；若其与较高经济水平地区相邻，则经济发展状态向上转移的概率分别为 0.059、0.191 和 0.167；若其与高经济水平地区相邻，则经济发展状态向上转移的概率将分别增加至 0.167、0.333 和 0.334，即随着相邻地区经济水平的增高、考察期的延长，该地区的经济增长向上转移的概率逐渐增大。另外，若经济增长中等水平地区与经济水平较低地区相邻，则其经济发展水平在 5 年后向上和向下转移的概率分别为 0.143 和 0.214；若经济水平增长较高地区与经济水平较低地区相邻，则其经济发展水平在 5 年后向上和向下转移的概率分别为 0.250 和 0.625，均表明与经济发展水平较低地区相邻不利于本地区的经济增长水平的提升。

第三，经济发展水平较为接近地区的空间相互作用更为显著，而对于经济发展水平相差悬殊的地区，即使相邻也不会产生太大的相互作用。这突出地表现为较低经济发展水平、中等发展水平和较高经济水平地区之间存在较强的空间效应，因此对于经济发展水平中等的地区来讲，其若与经济发展水平较低地区相邻，则很容易下滑至较低水平区间，若与较高地区相邻则比较容易成长为经济发展较高水平地区，这在一定程度上解释了为什么中等经济发展水平的地区经济增长水平较易变动，而且为何会出现向相反方向演进的现象。一旦相邻地区之间经济发展水平落差较大，如低发展水平即使与高发展地区相邻，其经济发展水平向上转移的概率也不会因此而显著增大；而高水平地区即使与低水平地区或较低水平地区相邻，其向下转移的可能性也不会显著增加。这表明高水平地区与中等经济水平地区相邻，会发挥辐射带动效应，如上海地区带动周边的江苏、浙江等省区一起增长；而高水平地区与低发展水平地区相邻，则辐射作用有限，甚至会产生"虹吸效应"而不利于周边落后地区的经济增长，如广东省虽与广西、江西等省区相邻，但并未能有效带动它们的经济增长。

第四，空间条件的马尔可夫转移概率矩阵与传统马尔可夫转移概率矩阵存在显著差异。为了检验转移概率是否受空间滞后项的影响，这里使用 $Q^{(M)}$ 和 $LR^{(M)}$ 统计量检验 $m_{ij}(s)$ 与 m_{ij} 是否相等，把时期分组 t 变为空间滞后项分组 s，统计量计算公式如（2-10）和（2-11）所示[①]，计算结果见表 2-7。

$$Q^{(M)} = \sum_{m=1}^{M} \sum_{i=1}^{N} \sum_{j \in A_i} n_{il\,m} \frac{(p_{ij|m} - p_{ij})}{p_{ij}} \sim asy\chi^2 \left(\sum_{i=1}^{N} (a_i - 1)(b_i - 1) \right)$$

$$(2-10)$$

$$LR^{(M)} = 2 \sum_{m=1}^{M} \sum_{i=1}^{N} \sum_{j \in A_{il\,m}} n_{ij|m} \ln \frac{p_{ij|m}}{p_{ij}} \sim asy\chi^2 \left(\sum_{i=1}^{N} (a_i - 1)(b_i - 1) \right)$$

$$(2-11)$$

表 2-7 空间滞后项影响的显著性检验结果

原假设 H_0	$Q^{(M)}$ 统计量值	$LR^{(M)}$ 统计量值	p - value
$m_{ij}(s) = m_{ij}$	107.36		0.000
$m_{ij}(s) = m_{ij}$		83.02	0.000

表 2-7 的检验结果表明，$Q^{(M)}$ 和 $LR^{(M)}$ 统计量都显著拒绝了 $m_{ij}(s) = m_{ij}$ 的原假设，说明空间滞后项对马尔可夫转移概率矩阵影响显著，即某一地区的相邻区域经济发展水平显著地影响当地经济增长状态的转移。

---

① 具体方法可参阅张馨之、龙志和：《中国区域经济发展水平的探索性空间数据分析》，载于《宁夏大学学报》（人文社会科学版），2006 年第 6 期：第 109～112 页，这里不再赘述。

表 2 - 8　　　　1978～2014 年全国相对人均 GDP 空间马尔可夫转移概率矩阵

Lag	t	t+1					t+5					t+10				
		L_1	L_2	L_3	L_4	L_5	L_1	L_2	L_3	L_4	L_5	L_1	L_2	L_3	L_4	L_5
L_1	L_1	1.000	0.000	0.000	0.000	0.000	1.000	0.000	0.000	0.000	0.000	1.000	0.000	0.000	0.000	0.000
L_1	L_2	0.000	0.000	0.000	0.000	0.000	0.000	0.000	0.000	0.000	0.000	0.000	0.000	0.000	0.000	0.000
L_1	L_3	0.000	0.000	0.000	0.000	0.000	0.000	0.000	0.000	0.000	0.000	0.000	0.000	0.000	0.000	0.000
L_1	L_4	0.000	0.000	0.000	0.000	0.000	0.000	0.000	0.000	0.000	0.000	0.000	0.000	0.000	0.000	0.000
L_1	L_5	0.000	0.000	0.000	0.000	0.000	0.000	0.000	0.000	0.000	0.000	0.000	0.000	0.000	0.000	0.000
L_2	L_1	0.952	0.048	0.000	0.000	0.000	0.860	0.140	0.000	0.000	0.000	0.872	0.128	0.000	0.000	0.000
L_2	L_2	0.038	0.925	0.038	0.000	0.000	0.122	0.732	0.146	0.000	0.000	0.160	0.560	0.280	0.000	0.000
L_2	L_3	0.000	0.032	0.903	0.065	0.000	0.000	0.214	0.643	0.143	0.000	0.111	0.111	0.611	0.111	0.056
L_2	L_4	0.000	0.000	0.222	0.667	0.111	0.000	0.000	0.625	0.125	0.250	0.000	0.125	0.500	0.000	0.375
L_2	L_5	0.000	0.000	0.000	0.000	1.000	0.000	0.000	0.000	0.000	1.000	0.000	0.000	0.000	0.000	1.000
L_3	L_1	0.980	0.020	0.000	0.000	0.000	0.952	0.048	0.000	0.000	0.000	0.931	0.069	0.000	0.000	0.000
L_3	L_2	0.069	0.847	0.083	0.000	0.000	0.273	0.621	0.106	0.000	0.000	0.439	0.421	0.140	0.000	0.000
L_3	L_3	0.000	0.188	0.708	0.104	0.000	0.063	0.354	0.479	0.104	0.000	0.130	0.370	0.500	0.000	0.000
L_3	L_4	0.000	0.000	0.263	0.684	0.053	0.000	0.105	0.368	0.368	0.158	0.000	0.474	0.316	0.000	0.211
L_3	L_5	0.000	0.000	0.000	0.048	0.952	0.000	0.000	0.118	0.000	0.882	0.000	0.167	0.000	0.000	0.833
L_4	L_1	0.625	0.313	0.000	0.000	0.063	0.231	0.769	0.000	0.000	0.000	0.385	0.615	0.000	0.000	0.000
L_4	L_2	0.059	0.882	0.059	0.000	0.000	0.106	0.702	0.191	0.000	0.000	0.286	0.548	0.119	0.024	0.024
L_4	L_3	0.000	0.071	0.810	0.119	0.000	0.000	0.211	0.395	0.289	0.105	0.088	0.206	0.118	0.353	0.235

Lag	t	t+1					t+5					t+10				
		L_1	L_2	L_3	L_4	L_5	L_1	L_2	L_3	L_4	L_5	L_1	L_2	L_3	L_4	L_5
L_4	L_4	0.000	0.000	0.185	0.741	0.074	0.000	0.000	0.200	0.600	0.200	0.000	0.158	0.211	0.316	0.316
L_4	L_5	0.025	0.000	0.000	0.025	0.950	0.000	0.028	0.000	0.056	0.917	0.000	0.032	0.000	0.129	0.839
L_5	L_1	0.929	0.071	0.000	0.000	0.000	0.783	0.217	0.000	0.000	0.000	0.692	0.308	0.000	0.000	0.000
L_5	L_2	0.167	0.667	0.167	0.000	0.000	0.600	0.067	0.333	0.000	0.000	0.467	0.200	0.267	0.067	0.000
L_5	L_3	0.000	0.016	0.891	0.078	0.016	0.000	0.000	0.655	0.259	0.086	0.000	0.000	0.440	0.340	0.220
L_5	L_4	0.000	0.000	0.056	0.889	0.056	0.000	0.000	0.178	0.622	0.200	0.000	0.000	0.237	0.526	0.237
L_5	L_5	0.000	0.000	0.000	0.011	0.989	0.000	0.000	0.007	0.039	0.954	0.000	0.000	0.025	0.059	0.915

二、区域经济增长的局部空间自相关转移概率矩阵分析

为进一步揭示空间效应在区域经济增长动态演进中的作用效果，在上述局部空间相关性分析的基础上，进一步引入局部空间自相关（Local Moran）转移概率矩阵对我国区域经济增长的局部空间关系的动态转换进行分析。基于此方法，将我国各省经济增长的空间分布情况划分为"高高（HH）""低低（LL）""低高（LH）"和"高低（HL）"四种类型。若某一省区的局部 Moran's I 统计量高于全国均值且与其相邻省区的 Moran's I 统计量也高于全国均值，则其分布类型属于"高高"，若该省的局部 Moran's I 统计量高于全国均值而与其相邻省区的 Moran's I 统计量却低于全国均值，则其分布类型属于"高低"，其余分类以此类推。使用 STARS 软件分别计算出各种类型的地区在第 t + 1 年、t + 10 年和 t + 20 年的转移概率如表 2 - 9 所示。

在表 2 - 9 中可以发现，一方面对角线上的转移概率较大，即一个地区属于某一种类型，则其在下一阶段仍属于该类型的概率较高，这与前面空间马尔可夫概率转移矩阵的结果相一致。同时发现，HH 和 LL 类型的地区保持稳定的概率较大，而 HL 和 LH 类型的地区发生转变的可能性较大，说明后两类地区具有过渡区的属性。例如，HL 型地区在 1 年后仍为该类型的概率为 0.940，而在 10 年和 20 年后仍属于该类型的概率则降为 0.655 和 0.406。

表 2 - 9　　　　　中国区域经济增长的 Local Moran 转移概率矩阵

t \ t + 1	HH	LH	LL	HL
HH	0.993	0.007	0.000	0.000
LH	0.043	0.946	0.011	0.000
LL	0.000	0.008	0.982	0.010
HL	0.012	0.000	0.048	0.940
稳态分布	0.746	0.114	0.120	0.020
t \ t + 10	HH	LH	LL	HL
HH	0.989	0.011	0.000	0.000
LH	0.250	0.594	0.156	0.000
LL	0.014	0.061	0.875	0.050
HL	0.127	0.000	0.218	0.655
稳态分布	0.904	0.033	0.055	0.008

t \ t + 20	HH	LH	LL	HL
HH	1.000	0.000	0.000	0.000
LH	0.314	0.486	0.200	0.000
LL	0.046	0.080	0.781	0.093
HL	0.219	0.000	0.375	0.406
稳态分布	1.000	0.000	0.000	0.000

另一方面由表2-9同样可以发现区域经济增长的近邻效应，例如，LH 和 LL 类型代表低经济水平地区分别与高水平地区和低水平地区相邻，但 LH 在 1 年、10 年和 20 年后转变为 HH 的概率为 0.043、0.250 和 0.314，而 LL 转变为 HL 或 HH 的概率为 0.010、0.064 和 0.139，证明某一地区周围区域的经济增长水平较低，对于该地区相对经济增长水平的提升不利。再如，HL 在 1 年、10 年和 20 年后转变为 LH 或 LL 的概率为 0.048、0.218 和 0.375，而 HH 转变为 LH 或 LL 类型的概率则为 0.007、0.011 和 0.000，表明一个地区拥有经济增长水平较高的邻区，有助于阻止该地区的相对经济增长水平下降。相邻地区的经济增长水平的高或低，会对本地区的经济增长产生正面或负面的影响，从而使得各地区倾向于向本区域的平均水平收敛，即表现出空间俱乐部收敛的局部同质性特征。值得注意的是，从区域经济增长局部空间自相关概率稳态分布的发展趋势来看，最终我国区域经济格局将收敛于 HH 状态，说明在经过较长时期的发展之后，全国区域经济发展最终将走向"共同富裕"。

三、区域经济增长空间条件随机核密度估计分析

为考察我国区域经济增长动态演进中空间效应或空间溢出因素的影响，本书利用空间条件随机核密度估计方法，进一步考察区域经济增长的收敛模式。在随机核密度估计三维图形中，Y 轴代表各省区的相对人均 GDP 水平，X 轴代表其相邻地区的相对人均 GDP 水平，由该省人均 GDP 与其相邻省区人均 GDP 均值之比计算得到。因此若在区域经济增长动态演进中仍受到空间因素的影响，即各地区经济增长倾向于向本区域的平均水平收敛，如富裕地区倾向于向富裕地区接近，贫困区域倾向于向贫困区域靠拢，那么随机核密度将会主要集中于 X 轴取值在 1 的附近且平行于 Y 轴的直线上，反之则表明区域经济增长的空间作用不大。

根据图2-4可以发现，我国区域经济增长空间条件的随机核密度主

要集中在 X 轴上取值 1 附近且平行于 Y 轴的直线上，说明大多数省区的经济增长水平与相邻地区的经济水平密切相关，多数属于同一经济水平区间，这不仅与前面 Moran 散点地图得到的结果相一致，也同时表明了省区相对人均 GDP 分布的持续性占主导地位。空间条件的随机核密度估计揭示了区域经济增长格局分布的动态特征，中国区域经济在动态发展演化中呈现出特定的空间聚集特征，是影响我国区域经济格局发展趋势的重要因素。

图 2-4　中国区域经济增长空间条件随机核密度图及等高线图

本章小结

使用 20 世纪 90 年代最新发展的分布动态方法，对我国区域经济增长的形状和分布特征随时间的演变规律进行了分析探究。通过核密度图描述了中国省区经济增长分布的动态形状，发现中国大多数省区的经济水平都低于全国平均水平，且大多数地区在分布中的相对位置倾向于保持不变即持久性；同时改革开放以来，中国省区经济增长的分布形态经历了多极化—收敛—发散—双峰趋同的变化过程。其中，俱乐部收敛省区内部的经济发展差距有所扩大，俱乐部间的发展差距经历了缩小—扩大—缩小的过程，其主导因素先后表现为高水平俱乐部向低水平俱乐部靠拢、两极分化、低水平俱乐部向高水平俱乐部靠拢的过程。利用马尔可夫链法分析中国省区经济增长的演进规律和收敛模式，发现最穷和最富地区在经济增长分布中相对位置很稳定，一般不随时间变化，而处于中间状态的区域经济增长状态相对不太稳定，较易向其相邻类型区域发生转移，并且随着考察间隔期的延长，区域经济发展的活跃度增加，区域增长格局类型变动较大。使用当前较为先进随机核密度估计方法结合三维图形和等高线图分析，可以弥补马尔可夫转移矩阵计算过程中对人均 GDP 序列任意离散化产生的估计偏差，结果亦表明中国区域经济水平分布格局的流动性差而持续性强，短期内区域经济增长格局变动不大；但在较长的时期内考察发现，落后省区经济水平与全国平均水平相比，均呈上升趋势，说明随着国家区域经济均衡发展战略的实施，低水平俱乐部的整体发展水平在逐步提高，落后地区的经济发展水平得到发展，大多数地区逐渐接近全国平均水平，表明 20 世纪 90 年代末以来，我国实施的区域均衡发展战略有助于落后地区脱离"贫困陷阱"。

　　基于省级和地市级两个层面，对区域经济增长的全局空间相关性分析发现，无论省级层面还是地级层面，其空间集聚特征都非常显著，且空间关联程度随距离衰减，表明区域经济增长外溢效应随距离衰减，同时地级空间尺度上的区域外溢强度和显著性更为强烈。我国区域经济增长水平相似的地区倾向于在空间上相邻，形成了富裕地区和贫困地区两个集聚区，并且这种分布具有空间和时间上的连续性。某一地区周围区域的经济增长水平较低，不利于该地区经济增长水平的提升，而一个地区拥有经济增长水平较高的相邻区域，有助于阻止该地区的相对经济增长水平下降。区域外溢和近邻效应，使得区域经济发展趋向空间俱乐部收敛。

　　进一步在分析框架中明确引入空间因素，运用空间马尔可夫链方法和空间条件的随机核密度估计，考察地理空间效应对中国区域经济增长演进的影响，结果表明区域经济增长格局分布演进明显受空间因素的影响，近邻效应显著，拥有富裕邻区的地区向较高收入水平演进的概率较大，使得区域经济增长表现出了局部性的空间俱乐部收敛特征。空间马尔可夫转移矩阵的分析结果表明，经济发展水平较为接近地区的空间相互作用更为显著，而对于经济发展水平相差悬殊的地区，即使相邻也不会产生太大的相互作用，因此我国中等经济发展水平的地区经济增长水平较易变动，而且会出现向相反方向演进的现象。从区域经济增长局部空间自相关概率稳态分布的发展趋势来看，最终我国区域经济格局将收敛于 HH 状态，即全国区域经济发展最终将走向"共同富裕"，当然这是一个长期的发展过程。

第三章 区域金融发展与区域经济收敛

区域经济发展的空间聚集和俱乐部收敛是我国经济发展的突出特征，改革开放以来，我国区域经济发展经历了"收敛—发散—收敛"的不断调整过程。区域金融组织、金融市场和金融工具作为金融系统运行在空间上的分布状况，通过聚合区域经济发展的各种因素而影响区域经济成长及其分布格局的动态演变，因此金融发展差异、金融供给失衡有可能是形成区域经济发展差距的重要因素，这需要通过论证我国区域间经济增长状态与金融发展状态的交互作用机制来揭示二者空间分布演进规律的关系。但国内从地理空间视角来揭示区域金融发展状态对区域经济分布演进规律影响的研究非常有限，本章首先对中国区域金融发展的空间布局和时空演进特征进行描述，然后验证区域经济增长格局与区域金融发展状态间的一致性和因果关系，揭示区域金融空间分布格局与趋势的变动对区域经济空间分布趋势变动的影响。将空间计量分析技术与分量回归（quantile regression）技术相结合，克服了传统研究只能度量外生变量对内生变量的"平均"影响的局限，对我国区域经济收敛及其金融原因进行了重新审视。

第一节 区域金融发展的时空演进分布特征

由于金融对经济发展的强大影响和重要推动作用，相关学者在探讨区域经济协调发展时开始关注金融的地区差距问题。但国内现有研究不仅在揭示区域金融发展差距的变化规律的理论上存在不足，甚至对改革开放以来区域金融发展差距发展趋势的研究结论也存在分歧。本节将在已有研究的基础上对中国地区金融发展差距做出多角度解释描述。在指标选取上，考虑到统计数据的可得性以及与前文的研究逻辑相呼应，这里选取人均存贷款量作为金融发展水平的衡量指标。其原因在于在中国这样一个至今仍以间接金融为主的市场中，银行是最重要的金融中介，银行存贷款则是最为主要的金融资源，因此与人均 GDP 的概念相呼应，这里采用地区人均存贷款额代表区域金融发展水平，并用地区人均存贷款额除以全国人均存贷款额得到地区相对金融发展水平。

一、区域金融发展差距的描述统计

为了便于比较区域金融发展差距与区域经济发展差距的发展趋势是否相关，这里同样利用标准差（standard deviation）、变异系数（coefficient of bariation）、基尼系数（gini coefficient）和泰尔指数（theil coefficient）四种统计指标来度量我国各地区间的经济差距，使用相对人均存贷款额作为代表区域金融发展水平的考察变量。在图 3－1 中绘出了1978～2014 年我国区域间相对人均存贷款额的标准差（σ）、变异系数和基尼系数的时间序列图，描述了省际间金融发展水平的差异。从相对人均存贷款额的标准差（σ）变动趋势同样可以发现，改革开放以来，我国的地区金融发展差异的发展趋势亦不存在始终递减或增加的单调演变，而是呈现出递减和递增相互更替的变动过程。其变化趋势类似于一个扁平"S"型曲线，即经历了"缩小—扩大—缩小"的过程，这也表明我国地区金融发展差距并不存在纯粹的 σ 收敛或趋异，而是经历了"收敛—发散—收敛"的过程，目前我国区域金融增长已经出现了收敛态势。我国区域相对人均存贷款额的变异系数和基尼系数也均表现出类似的变化趋势。区域相对人均存贷款额的标准差（σ）、变异系数和基尼系数从 1978 年开始不断下降，在 1991 年分别达到各自的最低点1.05、0.91、和 0.38，表明在 1978～1991 年期间，我国地区之间的金融差异程度在不断减小。但从 1992 年开始，三项统计指标又都大幅上升，地区相对人均存贷款额变异系数和基尼系数 2003 年达到了最高点的 1.25 和 0.46，人均存贷款额标准差则在 2002 年达到最高点的 1.51，显示出地区之间的金融差距在逐渐扩大，区域金融发展水平的发散性较为突出。这一趋势在近年来又发生了明显的转变，地区金融差距 20 世纪 90 年代以来在 2003 年首次缩小的基础上，2003～2008 年进一步表现为趋稳和缩小趋势。从与图 3－1 中国区域经济发展差距对比来看，中国区域金融差距的演进趋势与区域经济差距的发展趋势表现出高度的相似，但从指标数值来看，金融发展差异的指标值显著高于区域经济发展差距指标，因此区域金融发展差距演进状态有可能是引起区域经济发展差距变动的原因。

图 3 - 1　1978～2008 年中国区域金融差距发展趋势①

　　从人均存贷款的泰尔指数来看，图 3 - 2 表明各地区人均存贷款总差距在 1978～1991 年期间不断下降，到 1991 年达到最低点的 0.277；从 1992 年起人均存贷款差距又开始逐年拉大，到 2003 年人均存贷款的差距几乎恢复到改革开放前的水平，达到 0.449，是 20 世纪 90 年代中期以来的最高点；2004 年开始区域金融发展差距又呈现不断缩小的趋势。显然，从人均存贷款这一指标来看，表现出与前面标准差、变异系数、基尼系数计算得到的特征相一致，金融的地区差距表现出"降—升—降"的格局，基本上呈现出一种扁平的 S 形变化，同样证明我国区域金融发展差距经历了"缩小—扩大—缩小"的过程，其中 1978～1991 年我国区域金融发展差距在逐渐缩小，1992～2003 年区域金融差距又逐渐拉大，这一现象在 2004 年开始出现明显扭转，目前我国区域金融发展差距正逐步缩小。图 3 - 2 还显示了金融发展的区域间差距和东、中、西三大区域内差距的变化。在 20 世纪 90 年代初及以前，三大区域间差距一直都比较稳定，从 1992 年开始区域间差距不断增加，这种趋势一直持续到 2005 年；区域内差距则是自 1978 年改革开放后大幅缩小，在 20 世纪 80 年代后期逐渐趋稳，这种状态一直保持到 1992 年，自 1993 年开始区域内差距又开始有所增加，一直到 2003 年又出现了缩小趋势。由此，金融的地区总差距在 1992 年以前主要受区域内差距的影响，下降明显；1993 年以来，地区总差距则由三大区域间差距变化主导，呈"极化"趋势，上升明显；而

---

　　①　基于数据可得性和分析的可能性，本表数据分析结果仅至 2008 年，2008～2014 年数据的分析将在立项后进行继续深度的研究分析。

2003 年以来，我国金融发展的区域内差距和区域间差距同时出现了缩小的趋势。这说明 2004 年以来，我国区域金融发展总体差距缩小，这既有组内各地区金融发展稳步降低的因素，更与组间的发展差距缩小密切相关，表明东、中、西部地区内部的省区金融发展差距仍在逐步缩小，同时中、西部地区金融快速发展，缩小了与东部地区的金融差距，从而使得各省份间总差距减小，其中组间差距下降起到主要作用。

图 3 - 2 1978～2008 年中国区域金融发展差距泰尔指数及其分解

注：基于数据可得性和分析的可能性，本图数据分析结果仅至 2008 年，2008～2014 年数据的分析将在立项后进行继续深度的研究分析。

以标准差、变异系数、基尼系数和泰尔指数衡量我国金融发展的地区差距，发现改革开放以来至 20 世纪 90 年代初，区域金融发展内部差异的下降带动全国金融发展差距水平的下降；而 20 世纪 90 年代初至 2003 年左右，区际、区内差异的同步上升导致全国金融差距水平的扩大，其中组间差异上升尤为明显；在 2004 年左右，区际、区内差异的同步下降导致全国金融差距水平又呈缩小趋势，其中组内差异下降较为突出，这基本上较为符合"俱乐部收敛"的结论。同时还发现，区域间经济发展差距与金融发展差距呈现一致的变动关系，且金融差距大于经济差距，据此初步判断区域金融发展差距变动是我国区际经济差距变动的重要因素。

二、区域金融发展的空间相关分析

这里以地区人均存贷款额作为区域金融发展水平的代表变量，对我国 1978～2008 年区域金融发展水平的全局空间相关性进行 Moran's I 检验，表 3 - 1 和图 3 - 3 列出了相应的 Moran's I 检验结果。表 3 - 1 表明，我国区域金融发展的自相关系数 Moran's I 均大于 0，并且绝大多数都通过了 5% 显著性水平的检验，表明我国的 31 个省级行政区之间，以人均存贷款额代表的区域金融发展水平在空间分布上具有明显的正自相关关系和空间依赖性。区域金融发展水平较高的地区趋于和高水平地区相靠近，区域金融增长较低的地区趋于和低水平地区相邻，说明了我国的金融资源在空间上集聚分布。并且随着时间推移，区域金融发展水平的 Moran's I 指数逐渐增大，其显著性水平也逐渐增强，虽然在 20 世纪 80 年代末和 90 年代初略有波动，但整体发展趋势非常明显，表明我国区域金融发展的正自相关关系和空间依赖性不断加强。

表 3 - 1　　　我国省级空间尺度上区域金融发展的 Moran's I 检验

年份	MI	Z 值	P 值	年份	MI	Z 值	P 值
1978	0.103	1.147	0.126	2000	0.215	1.684	0.046
1979	0.109	1.327	0.092	2001	0.211	1.570	0.058
1980	0.134	2.382	0.009	2002	0.217	1.541	0.062
1981	0.135	2.355	0.009	2003	0.191	1.890	0.029
1982	0.151	2.417	0.008	2004	0.215	2.092	0.018
1983	0.171	2.458	0.007	2005	0.220	2.140	0.016
1984	0.172	2.391	0.008	2006	0.226	2.185	0.014
1985	0.174	2.458	0.007	2007	0.239	2.298	0.011
1986	0.176	2.084	0.019	2008	0.244	2.337	0.010
1987	0.180	1.929	0.027	2009	0.215	1.684	0.046
1988	0.214	2.216	0.013	2010	0.211	1.570	0.058
1989	0.208	2.164	0.015	2011	0.217	1.541	0.062
1990	0.186	1.976	0.024	2012	0.191	1.890	0.029
1991	0.194	1.973	0.024	2013	0.215	2.092	0.018
1992	0.203	2.121	0.017	2014	0.220	2.140	0.016
1993	0.194	2.048	0.020				
1994	0.195	1.838	0.033				
1995	0.211	1.881	0.030				
1996	0.211	1.862	0.031				
1997	0.209	1.853	0.032				
1998	0.210	1.873	0.031				
1999	0.212	1.890	0.029				

注：计算及检验结果是使用 STARS：Space - Time Analysis of Regional Systems 软件计算。

根据第二章中的公式（2－4）对1978、1988、1998和2004年我国各省区人均金融资源局部Moran's I统计量进行计算，并根据计算结果将区域金融发展的空间分布情况划分为"高高（HH）""低低（LL）""低高（LH）"和"高低（HL）"四种类型。若某一地区的局部Moran's I统计量高于全国均值且与其相邻省区的Moran's I统计量也高于全国均值，则其分布类型属于"高高"。若该省的局部Moran's I统计量高于全国均值而与其相邻省区的Moran's I统计量却低于全国均值，则其分布类型属于"高低"，其余分类以此类推。在表3－2中可以发现，整体来看，与我国区域经济增长分布类似，区域金融发展的地区分布中属于"HH"和"LL"种类的最多，尤其是我国大多数省区金融发展水平都呈现出"LL"聚集分布的特征，这与全局空间正相关是一致的。在1978年，我国绝大多数地区（21个省区）属于"LL"聚集，5个省区为"LH"分布，除位于东部的北京、天津、辽宁、黑龙江和上海之外，其他省区都属低经济水平地区，这与我国1978年全国区域经济分布的情况非常类似，唯一不同的地方在于海南省金融发展类型在初始阶段就属于"LH"类型而非"LL"类型。1988年我国区域金融发展水平的分布情况与经济区域分布一致，金融高水平新增了江苏、浙江和广东，且上海、浙江、江苏进入到"HH"区域，东北地区的黑龙江省下滑至"LL"区域，在改革开放进程中，东北老工业基地经济发展相对缓慢，不良贷款问题日益突凸显，东北地区的信贷增长在一定程度上受到影响，金融地位被沿海发达地区超越。1998年，福建省进入"HH"聚集区域，其他省区变化相对较小。2008年在国际金融危机等一系列国内外突发情况影响下，我国区域金融分布情况则出现了较大的变动，其中河北、河南和山东进入金融发展高水平区域，安徽、江西、湖南和广西的金融发展水平为"LH"类型，说明这些省市的周围地区金融资源增长的速度更快。整体看来，我国区域金融发展水平表现出了明显的集聚与不平衡发展的空间格局，并且与区域经济发展水平的空间分布大同小异：金融发展水平较高的地区（HH和HL）几乎全部聚集在东部沿海，金融发展水平较低的地区（LL和LH）则主要分布于广大中西部地区，并且这种分布具有空间和时间上的连续性，形成了金融资源较为丰富地区和贫困地区两个集聚区。但与区域经济发展空间分布不同的是，2008年受国际金融危机影响，在地方政府的积极型投资建设的驱动下，2014年河北、河南、山东等省区金融资源增长很快，成为金融发展高水平地区，在一定程度上表明金融格局的变动要比经济格局的变动更为敏感、更为迅速。

表 3 - 2　　　　　　　　　我国区域金融发展类型的空间分布

年份	HH	HL	LH	LL
1978	北京，天津	辽宁，黑龙江，上海	河北，吉林，江苏，浙江，海南	其他
1988	北京，天津，上海江苏，浙江	辽宁，广东	河北，吉林，海南	其他
1998	北京，天津，上海江苏，浙江，福建	辽宁，广东	河北，海南	其他
2014	北京，河北，天津山东，江苏，河南上海，浙江，福建	辽宁，四川，广东	安徽，江西，湖南，广西，海南	其他

第二节　区域金融发展与区域经济发展格局的关系

从我国区域经济与金融的空间分布及其演进趋势来看，二者的表现非常一致，因此需要进一步论证我国区域间经济增长差距演变与金融发展空间布局演进的交互作用机制，进一步判断经济差距与金融发展差距间是否存在一致性，以及二者孰为因、孰为果，需要通过计量经济手段进行判断分析，本书运用格兰杰（Granger）因果检验判断我国区际经济空间布局发展趋势与金融变量间的逻辑因果关系。

一、区域金融发展与经济增长收敛的长期均衡关系检验

对于变量间的因果关系研究，一般都采用格兰杰因果关系（Granger，1969）检验。它主要用于考察两变量之间在时间上的先导—滞后关系。为了验证区域金融发展敛散趋势与区域经济增长敛散是否具有因果关系，我们使用前文的区域基尼系数和泰尔指数进行 Granger 因果关系检验；为了验证区域金融发展的空间聚集与区域经济发展空间聚集的关系，我们使用二者的 MI 指数进行 Granger 因果关系检验。

（一）单位根检验

为了检验时间序列的平稳性，我们需要对代表区域金融敛散性变量和区域经济增长敛散性变量检验是否存在单位根。若检验发现非平稳序列 Y_t 进行一阶差分后的序列 ΔY_t 为平稳时间序列，则可以认为序列 Y_t 是存在 1 个单位根的 I（1）。本书使用 ADF 统计检验指标进行验证，方法为：

$$\Delta Y_t = \beta_1 + \beta_2 t + \delta Y_{t-1} + \alpha_i \sum_{i=1}^{m} \Delta Y_{t-1} + \varepsilon_t \qquad (3-1)$$

公式（3-1）中需检验时间序列为 Y_t，Δ 代表进行差分处理，截距为 β_1，趋势项是 β_2，ΔY_t 的滞后项为 $\sum_{i=1}^{m} \Delta Y_{t-i}$，$\varepsilon_t$ 为随机扰动的白噪声，原假设 H_0 为 $\delta = 0$；备择假设 H_1 为 $\delta \neq 0$，本书用 AIC 和 SC 信息验证准则来选取滞后阶数，具体检验结果如表 3-3 所示。

结果表明，只有区域泰尔指数的分解变量的原序列是平稳序列。而区域基尼系数、区域泰尔指数和 Moran's I 指数原序列即使在10%的统计检验下也不能通过 ADF 检验，故认为上述序列为非平稳，其一阶差分序列在1%统计检验下无法拒绝存在单位根的假设 H_0，因此区域基尼系数和区域泰尔指数属于一阶单整，我们可以进一步检验上述序列是否存在协整。

（二）协整验证

若观察值序列的单整阶数相同，同时存在线性组合能够将其序列的单整阶数减少，则该序列间被证明为协整关系显著，该线性组合的估计系数被称作协整向量。通过估计检验序列间的协整关系，能够进一步度量研究序列是否存在长期的稳定性关系。尤其是对于一阶单整序列来讲，进行特定线性组合后能够使其协整关系对应的就是平稳时间序列。常用的检验方法为恩格尔－格兰杰（Engle－Granger）法，即如果研究对象例如三个时间序列存在协整关系，那么就等价于有非零向量 α_1、α_2、β_1 和 β_2，能够使得公式（3-2）和（3-3）方程协整向量误差 μ_{1t}、μ_{2t} 转化为平稳序列，在进行均值修正过程后，我们就能够把协整误差表述呈均值为零的平稳时间序列过程。在此之前本书已验证 $gini\_eco$、$gini\_fin$、$theil\_eco$ 和 $theil\_fin$ 都是 1 阶单整过程，因此可以直接用 EG 两步法对公式（3-2）和公式（3-3）进行检验。

表 3-3　　　　　　　　　时间序列变量的单位根检验

变量名	变量说明	ADF 检验 t 值	P 值	是否平稳
$gini\_eco$	区域经济基尼系数	-1.160	0.678	否
d_gini_eco	区域经济基尼系数一阶差分	-4.520	0.001	是
$gini\_fin$	区域金融基尼系数	-2.477	0.131	否
d_gini_fin	区域金融基尼系数一阶差分	-4.314	0.002	是
$theil\_eco$	区域经济泰尔指数	-1.887	0.334	否

变量名	变量说明	ADF 检验 t 值	P 值	是否平稳
d_theil_eco	区域经济泰尔指数一阶差分	-6.201	0.000	是
theil_fin	区域金融泰尔指数	-0.317	0.562	否
d_theil_fin	区域金融指数一阶差分	-4.399	0.000	是
intratheil_eco	区域经济泰尔指数组内差距	-4.859	0.000	是
intratheil_fin	区域金融泰尔指数组内差距	-3.326	0.023	是
intertheil_eco	区域经济泰尔指数组间差距	-4.869	0.003	是
intertheil_fin	区域金融泰尔指数组间差距	-3.486	0.062	是
mi_eco	区域经济 Moran's I 指数	-0.711	0.829	否
d_mi_eco	区域经济 Moran's I 指数一阶差分	-4.933	0.000	是
mi_fin	区域金融 Moran's I 指数	-1.993	0.288	否
d_mi_fin	区域金融 Moran's I 指数一阶差分	-4.486	0.001	是

$$\mu_{1t} = gini\_eco_t - \alpha_1 - \alpha_2 gini\_fin_t \qquad (3-2)$$

$$\mu_{2t} = theil\_eco_t - \beta_1 - \beta_2 theil\_fin_t \qquad (3-3)$$

接下来可以 μ_{1t} 和 μ_{2t} 即残差检验单位根，结果表明其均为平稳时间序列，并且通过了99%的显著检验，表明区域经济敛散趋势与区域金融敛散趋势之间存在显著的协整关系，即我国区域金融发展趋势与区域经济分布演进趋势存在长期的均衡关系。

二、对区域金融发展与经济增长收敛的因果关系检验

(一) 格兰杰 (Granger) 因果关系检验

对于两变量格兰杰因果关系的检验，Granger 采用如下检验模型：

$$y_t = a_{10} + \sum_{i=1}^{m} a_{1i} y_{t-i} + e_{1t} \qquad (3-4)$$

$$y_t = a_{20} + \sum_{i=1}^{m} a_{2i} y_{t-i} + \sum_{j=1}^{n} b_{2j} x_{t-j} + e_{2t} \qquad (3-5)$$

检验从 x_t 到 y_t 单向格兰杰因果关系，即是检验 b_{2j} 的零假设 $H_0 : b_{2j} = 0$ (j=1, 2, …, n)，检验统计量：

$$F = \frac{(ESS_1 - ESS_2)/n}{ESS_1/[T - (m+n+1)]} \sim F_{[m, T-(m+n+1)]} \qquad (3-6)$$

其中，ESS_1 和 ESS_2 分别为式 (3-4) 和式 (3-5) 通过最小二乘法回归得到的残差平方和，T 为时间序列 Y 的观测值总数。以 α 为置信度，

若 $F > F_\alpha$，则拒绝 H_0，即 X 以 $1-\alpha$ 的概率对 Y 具有格兰杰因果关系，否则接受原假设，X 对 Y 不具有格兰杰因果关系。由于我们已经发现区域金融发展趋势与区域经济趋势存在协整关系且统计显著，故我们可以对上述序列检验 Granger 因果关系存在与否，方程为：

$$d\_gini\_eco_t = C_1 + \sum_{i=1}^{m} \alpha_i d\_gini\_eco_{t-i} + \sum_{i=1}^{m} \beta_i d\_gini\_fin_{t-i} + \varepsilon_{1t}$$

$$(3-7)$$

$$d\_gini\_fin_t = C_2 + \sum_{j=1}^{n} \alpha_j d\_gini\_fin_{t-j} + \sum_{j=1}^{n} \beta_j d\_gini\_eco_{t-j} + \varepsilon_{2t}$$

$$(3-8)$$

$$d\_theil\_eco_t = C_3 + \sum_{i=1}^{m} \lambda_i d\_theil\_eco_{t-i} + \sum_{i=1}^{m} \delta_i d\_theil\_fin_{t-i} + \varepsilon_{3t}$$

$$(3-9)$$

$$d\_theil\_fin_t = C_4 + \sum_{j=1}^{n} \lambda_j d\_theil\_fin_{t-j} + \sum_{j=1}^{n} \delta_j d\_theil\_eco_{t-j} + \varepsilon_{4t}$$

$$(3-10)$$

$$intratheil\_eco_t = C_5 + \sum_{i=1}^{m} \theta_i intratheil\_eco_{t-i} + \sum_{i=1}^{m} \gamma_i intratheil\_fin_{t-i} + \varepsilon_{5t}$$

$$(3-11)$$

$$intratheil\_fin_t = C_6 + \sum_{j=1}^{n} \theta_j intratheil\_fin_{t-j} + \sum_{j=1}^{n} \gamma_j intratheil\_eco_{t-j} + \varepsilon_{6t}$$

$$(3-12)$$

模型的最优阶数分别用 m 和 n 来代表，白噪声为 ε。进行 Granger 因果检验，公式（3-7）～公式（3-12）相应的系数就对应着检验序列间的 Granger 因果关系。在 Granger 因果关系检验中，要对模型中全部系数进行统计检验，故应该进行 F 检验模型的整体显著性。具体检验结果由表 3-4 给出（滞后阶数为 2，由 AIC 和 SC 原则定阶）。

表 3-4　　　　区域金融发展趋势与区域经济发展趋势
Granger 因果关系检验结果

原假设	F 统计量	显著性概率	检验结论
d_mi_fin does not Granger Cause d_mi_eco	2.914	0.058	拒绝原假设
d_mi_eco does not Granger Cause d_mi_fin	0.954	0.432	不能拒绝原假设

原假设	F 统计量	显著性概率	检验结论
d_gini_fin does not Granger Cause d_gini_eco	2.845	0.079	拒绝原假设
d_gini_eco does not Granger Cause d_gini_fin	0.885	0.426	不能拒绝原假设
d_theil_fin does not Granger Cause d_theil_eco	2.961	0.072	拒绝原假设
d_theil_eco does not Granger Cause d_theil_fin	1.915	0.170	不能拒绝原假设
intratheil_fin does not Granger Cause intratheil_eco	1.626	0.218	不能拒绝原假设
intra theil_eco does not Granger Cause intratheil_fin	1.855	0.178	不能拒绝原假设
intertheil_fin does not Granger Cause intertheil_eco	6.099	0.007	拒绝原假设
inter theil_eco does not Granger Cause intertheil_fin	4.934	0.016	拒绝原假设

在表 3 - 4 中，我们分别检验了区域金融 Moran's I 指数与区域区域经济 Moran's I 指数之间的因果关系、区域金融基尼系数与区域经济基尼系数之间的关系、区域金融泰尔指数与区域经济泰尔指数之间的关系，以及区域经济与金融泰尔分解指数之间的关系。在上述中对变量的 Granger 影响关系中，检验结果表明有 1 对变量之间存在着显著的互为因果的关系，3 对变量之间存在单向的因果关系，1 对变量之间的因果关系不显著。首先，从区域金融与经济的空间聚集来看，由于其为 I（1）序列，这里检验的指标为区域金融与区域经济 Moran's I 一阶差分之间的因果关系，结果表明区域金融的空间聚集变动对区域经济的空间聚集变动有显著的 Granger 影响，这表明由于区域金融空间聚集程度的变化会引起区域经济空间聚集程度的改变，二者的因果关系是单向的，即是金融聚集变动引起了经济聚集改变，而不是相反，这与国内学者用其他指标和方法得到的结论不太相同。其次，从区域基尼系数和泰尔指数因果关系检验来看，均表明区域金融发散或收敛程度的变动会格兰杰（Granger）影响区域经济的发散或收敛的改变，这说明在我国金融还未完全市场化的情况下，金融资源的流动和配置并不是完全按照市场需要进行的，区域经济收敛或发散对区域金融的敛散影响不大，但区域金融变动却会对区域经济产生引导作用，这也是各级政府用各种手段争夺金融资源的重要原因。再次，从泰尔指数分解来看，在东、中、西部三大经济俱乐部之间，区域经济与金融具有显著的 Granger 相互影响，但在三大经济俱乐部内部，区域经济与金融的变动没有明显的 Granger 因果关系，说明三大俱乐部之间对金融资源的吸引和配置强化了三大地区之间的经济差距，而三大地区之间经济差距的拉大也进一步使得金融资源向经济高水平地区聚集，两者互相强化，形成马太效应，这也是为什么我国三大俱乐部之间差距越来越大的重要原因；而在三

大俱乐部内部，区域经济发展差异与区域金融发展差异的因果关系则并不显著，可能的原因是，在三大经济区内部的省市之间，对于金融资源的吸引力等条件都差不多，因此金融资源分布没有表现出明显的空间倾向，其区域经济与金融的空间分布更受到其他有关因素的影响。总体来看，在我国区域经济增长空间分布的变动过程中，区域金融发展的空间分布变动起到了重要的影响，因此，国家通过相应宏观金融政策的引导，均衡各地区区域金融发展的差距，能够在很大程度上促进我国区域经济发展向均衡协调的目标转变，这对于促进我国区域经济发展的协调具有重要参考意义。

（二）区域金融发展差距与区域经济差距的误差修正模型（ECM）

由于区域金融发展差距与区域经济差距具有协整关系，在本书中将上述方程改写为误差修正模型，通过模型将会得到区域经济空间聚集误差修正模型和区域经济收敛误差修正模型：

$$d\_mi\_eco_t = \underset{(3.431\,***)}{0.07} + \underset{(-6.342\,***)}{0.11 d\_mi\_fin_t} - \underset{(-1.747\,*)}{0.06\mu_{1t-1}} \qquad (3-13)$$

$$R^2 = 0.911 \qquad \bar{R}^2 = 0.831 \qquad D.W. = 1.840$$

$$d\_theil\_eco_t = \underset{(1.507)}{0.02} + \underset{(1.127)}{0.49\, d\_theil\_fin_t} - \underset{(-3.243\,***)}{0.13\mu_{2t-1}} \qquad (3-14)$$

$$R^2 = 0.898 \qquad \bar{R}^2 = 0.822 \qquad D.W. = 2.098$$

在公式（3-13）和公式（3-14）中，小括号里面的数值为 t 值，* 代表其统计检验显著性高于90%，*** 则代表显著性达95%。

在本书的区域金融聚集误差修正方程估计中，区域金融聚集与区域经济聚集之间的长期协整关系会推动二者之间的关系修正，其修正强度为 0.06，当区域经济空间聚集程度的短期波动偏离长期均衡（$\mu_{1t} > 0$）时，区域金融发展将以 -0.06 的速度将其拉回到均衡状态，即区域金融空间聚集会推动区域经济朝着空间聚集的方向演进。方程（3-14）代表了区域金融收敛推动区域经济收敛的力度，其修正强度为 0.13，表明区域金融的收敛或者发散对于区域经济的敛散状态具有较强的修正作用，因此只有我国区域金融发展较为均衡才能更好地推动区域经济的均衡发展，这时候若区域经济增长趋势与区域金融发展趋势的长期均衡相偏离的时候，区域金融的分布演进会以 -0.13 的速度将区域经济的增长状态拉回到长期均衡状态。

第三节　区域金融发展与经济增长的收敛机制

当前，国内关于我国区域经济与金融发展的研究成果相对较多，但从现有的研究来看，一方面，多数研究对地理空间效应在区域经济增长差异及收敛过程中的作用重视不够，在理论模型的构建过程未能将空间影响和空间交互效应纳入理论假设；并且，我国区域经济增长时空演进的研究中，多集中在对 σ 收敛、β 收敛的研究，对俱乐部收敛的研究相对不足。另一方面，在研究方法上，现有研究多采用传统的"回归分析"，如最小二乘法方法等，但这种估计方法必须假定外生变量在内生变量条件分布不同位置的影响差异可以忽略，即这种方法只能度量外生变量对内生变量的"平均"影响，而无法体现在条件分布不同位置时外生变量的影响差异。这些问题对于一个国家存在经济发展水平参差不齐的多个区域，尤其是中国来讲，难免存在估计偏差或者是只能得到片面的结论，本书在这里将空间计量分析技术与分量回归（quantile regression）技术相结合，有效克服了现有研究中的局限和不足，对我国区域经济收敛及其金融原因进行了重新审视。

一、分量回归及其在区域经济收敛研究中的优势

传统"回归分析"特别是基于最小二乘法的经典线性回归是当前计量经济分析中最为普遍的技术，众多学者在对区域经济增长敛散性及其收敛机制等问题进行实证研究时，通常采取的也是普通 OLS 估计或面板数据分析的方法。但这种估计方法是存在一定局限性的，运用最小二乘法的条件比较高，如线性回归模型要求满足同方差性、随机误差间两两不相关等条件，当需要进行回归系数的显著性推断时，通常还要假设残差服从正态分布，尤其是当分布是重尾或有离群点时，其结果的稳健性较差。更为重要的是，传统回归分析技术前提必须假定外生变量在内生变量条件分布不同位置的影响差异可以忽略，但在对处于不同经济增长状态的多个地区进行区域收敛或发散的分析中，能够满足这些基本假设的情况并不多见，因此在应用时就难以得到无偏的、有效的参数估计量；同时，传统回归方法只能度量外生变量对内生变量的"平均"影响，而无法体现在条件分布不同位置时外生变量的影响差异，单纯研究平均效果会掩盖很多问题，大量的宝贵数据仅仅只能得到一条回归曲线，而一条曲线所能提供的信息毕竟是

有限的，因此得到的结论难免出现以偏概全的片面性，甚至会得出错误的结论。分量回归（quantile regression，分位数回归）技术由于能够获取因变量条件分布不同位置（分位数）的充分信息，因此能够有效克服上述局限。分量回归最早是由科恩克和巴塞特（Koenker and Bassett，1978）作为一种稳健（robust）回归技巧而被提出的，近年以来得到越来越广泛的应用。本书将空间计量分析技术与分量回归技术相结合，有以下几个优点。首先，分量回归克服了传统 OLS 回归的缺陷，允许解释变量的系数（如经济增长率、金融发展水平等）随着分位数的变化而变化，不再是一个常数；其次，分量回归不仅可以研究收敛方程中系数变化对收敛速度和机制的影响，还可以研究解释变量分布的变化对区域经济收敛的影响；最后，利用分量回归方法研究区域金融水平分布对区域经济收敛的影响，比单纯研究区域金融发展对区域经济收敛的平均影响更有政策含义，得出的结论也更有针对性和目的性。分量回归的主要思想如下：

对于任意实值随机变量 Y，它所有的性质都可以有 Y 的分布函数，即 $F(y) = \Pr(Y \leq y)$ 来描述，对于任意的 $0 < \tau < 1$，定义随机变量 Y 的 τ 分位数函数 $Q(\tau)$ 为：

$$Q(\tau) = \inf\{y : F(y) \geq \tau\} \tag{3-15}$$

公式（3-15）完全代表了随机变量 Y 的性质，存在比例为 τ 的部分小于分位数函数 $Q(\tau)$，而比例为 $1 - \tau$ 的部分位于分位数函数 $Q(\tau)$ 之上。

对于任意的 $0 < \tau < 1$，定义检验函数

$$\rho_\tau(u) = (\tau - I_{(u<0)})u = \begin{cases} \tau u, u \geq 0 \\ (\tau - 1)u, u < 0 \end{cases} \tag{3-16}$$

其中 $I_{(u<0)}$ 为示性函数，由检验函数公式（3-16）的定义，可以看出，检验函数是分段函数，并且 $\rho_\tau(u) \geq 0$。为便于积分，检验函数 $\rho_\tau(u)$ 可以改写为：

$$\rho_\tau(u) = (\tau - I_{(u<0)})u = \tau u I_{(u\geq 0)} + (\tau - 1)u I_{(u<0)} \tag{3-17}$$

根据公式（3-16），当 u 取 $y - \xi$ 时，则有：

$$\rho_\tau(y - \xi) = \tau(y - \xi)I_{(y-\xi \geq 0)} + (\tau - 1)(y - \xi)I_{(y-\xi < 0)} \tag{3-18}$$

则 Y 的 τ 分位数回归就是找到 ξ，使 $E[\rho_\tau(y - \xi)]$ 最小，即求满足下式的 ξ：

$$\min_{\xi \in R} E[\rho_\tau(y - \xi)] \qquad (3-19)$$

在公式（3-19）两边同时取期望，积分得：

$$\min_{\xi \in R} E[\rho_\tau(y - \xi)] = (\tau - 1) \int_{-\infty}^{\xi} (y - \xi) dF(x) + \tau \int_{\xi}^{+\infty} (y - \xi) dF(x)$$

$$(3-20)$$

再对公式（3-20）两边同时对 ξ 求导得：

$$0 = (1 - \tau) \int_{-\infty}^{\xi} dF(x) - \tau \int_{\xi}^{+\infty} dF(x) = F(\xi) \qquad (3-21)$$

因为分布函数 F 是单调增函数，则集合 $\{y:F(\xi) = \tau\}$ 中的任意元素都满足条件，即可能存在某个区间上的元素都满足使公式（3-19）最小，而由定义式（3-15），若令 $Q(\tau) = \hat{y}$ 时，则 $\hat{y}$ 是唯一的。

目前，常用公认有效的分位数回归计算方法有单纯形法、内点法、预处理后内点法、光滑法等，并且可以通过 SAS、R 等计量经济软件实现。

二、省级层面区域金融发展与经济增长收敛机制

为了进一步考察我国区域经济增长的收敛性和区域金融发展在其中所起到的作用，考虑到区域经济收敛的空间效应，本研究设定了如下 5 个截面回归模型：

模型（1）——绝对收敛模型

$$\ln\left[\frac{y_{T,i}}{y_{t_0,i}}\right] = \alpha + \beta \ln y_{t_0,t} + \varepsilon_t \qquad (3-22)$$

模型（2）——条件收敛模型

$$\ln\left[\frac{y_{T,i}}{y_{t_0,i}}\right] = \alpha + \beta \ln y_{t_0,t} + \gamma \ln x_{t_0,t} + \varepsilon_t \qquad (3-23)$$

模型（3）——俱乐部收敛模型（spatial regimes model）

$$\ln\left[\frac{y_{T,i}}{y_{t_0,i}}\right] = \sum_{j=1}^{3} \alpha_j D_j + \sum_{j=1}^{3} \beta_j D_j \ln y_{t_0,t} + \sum_{j=1}^{3} \gamma_j D_j \ln x_{t_0,i} + \varepsilon_t \quad (3-24)$$

模型（4）——区域经济增长空间滞后模型

$$\ln\left[\frac{y_{T,i}}{y_{t_0,i}}\right] = \sum_{j=1}^{3} \alpha_j D_j + \sum_{j=1}^{3} \beta_j D_j \ln y_{t_0,t} + \sum_{j=1}^{3} \gamma_j D_j \ln x_{t_0,i} + \rho W \ln\left[\frac{y_{T,i}}{y_{t_0,i}}\right] + \varepsilon_t$$

$$(3-25)$$

模型（5）——区域经济增长空间误差模型

$$\ln\left[\frac{y_{T,i}}{y_{t_0,i}}\right] = \sum_{j=1}^{3}\alpha_j D_j + \sum_{j=1}^{3}\beta_j D_j \ln y_{t_0,t} + \sum_{j=1}^{3}\gamma_j D_j \ln x_{t_0,i} + \mu_t \quad (3-26)$$

$$\mu_i = \lambda W\mu_i + \varepsilon_i$$

上述五个模型中，y_{t_0} 期初人均 GDP，t_0 表示期初年份，对于省级和地级两个不同的空间尺度，t_0 分别表示 1978 年和 1994 年，前文已表明我国区域经济和金融收敛趋势呈"S"型，因此这里的在省级区域上 T 分为四段即 1978～1991 年、1992～2002 年、2003～2008 年和 1978～2008 年，而在地级城市层面上则不再分段。D_j 代表东部、中部、西部的地区虚拟变量。W 是空间权重矩阵，$_i$ 是误差项，假设服从均值同方差无空间自相关的正态分布。基于省级与地级这两个空间尺度的研究思路是基本相同的，首先用 OLS 方法估计绝对收敛模型（1）作为分析的起点，检验是否存在绝对收敛，以及潜在的模型误设（非正态、异方差、空间相关性等）；其次引入区域金融发展变量，检验我国区域经济增长是否存在条件收敛，并测算区域金融对区域经济收敛的作用大小，用 OLS 方法估计模型（2）；再次将地理单元划分东、中、西三个俱乐部，运用 OLS 方法估计空间俱乐部模型（3），考察是否支持空间俱乐部收敛假设，并检验在控制了空间异质性后，是否仍然存在空间相关性；对于模型（1）～（3）还同时使用分量回归方法进行估计，并对比二者的运行结果。最后，把空间相关性纳入空间俱乐部模型，用 ML 方法估计两种空间计量经济学模型（4）（5），并根据空间滞后项系数估计的考察区域外溢效应，以及模型设定问题。

（一）我国区域经济增长绝对收敛的模型估计

表 3-5 列出了基于省级区划数据模型（1）的 OLS 估计结果，可以发现，在 1978～1992 年间，我国区域经济增长的 β 估计值为负数，在 1992～2002 年为正数，在 2003～2008 年为负数，这与前文发现我国区域经济增长"收敛—发散—收敛"的 S 型增长状态完全一致，整个考察期内中国省区经济增长 β 估计值为负数，表明在一定程度上，我国区域经济增长正在趋于收敛。但由于全部 β 估计值均未通过显著性检验，因此不能支持我国区域经济的绝对收敛假说。同时也可以发现模型的拟合度非常低，尚不到 0.01，模型的解释能力较弱。模型拟合度的其他有关检验还表明不存在非"正态性"和异方差等模型设定问题，但根据空间相关性检验结果，模型存在严重的空间相关性问

题，因此有必要在模型中明确考虑空间相关性。

表 3 - 5 区域经济绝对收敛的 OLS 估计结果

参数	1978 ~ 1991 年	1992 ~ 2002 年	2003 ~ 2008 年	1978 ~ 2014 年
$\hat{\alpha}$	1.433（0.000）	0.675（0.068）	0.912（0.000）	3.550（0.000）
$\hat{\beta}$	-0.087（0.190）	0.037（0.468）	-0.041（0.159）	-0.150（0.190）
R^2	0.058	0.018	0.067	0.059
F 值	1.798	0.541	2.090	1.805
F 显著性水平	0.190	0.468	0.159	0.190
$D.W$ 值	2.173	1.854	1.355	1.795

注：括号外是系数估计值，括号内是显著性水平（p - value），下同。

表 3 - 6 列出了基于省级区划数据模型（1）的分量回归（Quan-tile）估计结果，可以发现，分量回归估计结果给予了我们更为丰富的信息。与 OLS 模型的估计结果相类似，在 1978 ~ 1991 年间，我国区域经济增长的 β 估计值均为负数，在 1992 ~ 2002 年为正数，在 2003 ~ 2008 年为负数，这与前文发现我国区域经济增长"收敛—发散—收敛"的 S 型增长状态完全一致，整个考察期内中国省区经济增长 β 估计值为负数，表明在一定程度上，我国区域经济增长正在趋于收敛。但由于这当中的绝大部分 β 估计值也未通过显著性检验，因此不能支持我国区域经济的绝对收敛假说。但是，从表 3 - 6 中还可以发现，在 1978 ~ 1991 年间，随着区域经济发展水平由条件分布的低端（低分位数）向高端变化，β 估计值越来越小，表明在此期间我国区域经济发展水平越高的地区，区域经济收敛速度越快，而且在第 80% 分位上的分布通过了 10% 显著性水平的检验，表明该结论具有一定的科学性；2003 ~ 2008 年间，则正好相反，区域经济发展水平越低的地区，经济增长收敛的速度越快，并且在经济水平最低的前 20% 地区通过了显著性水平为 10% 的检验，这在一定程度上证明，我国区域经济增长在 1978 ~ 1991 年间正是沿海等地区加快发展的时期，而 2003 年以来则是欠发达地区的经济增速加快，因此 2003 年以来的经济收敛趋势更具均衡意义，这也表明了使用分量回归技术较传统 OLS 方法的优越性所在。

表 3 - 6 区域经济绝对收敛的分量回归估计结果

分位数		1978～1991 年		1992～2002 年		2003～2008 年		1978～2014 年	
		系数	P 值	系数	P 值	系数	P 值	系数	P 值
$\hat{\alpha}$	20%	1.039	0.010	0.657	0.232	1.056	0.003	2.688	0.000
	40%	1.331	0.002	0.660	0.205	0.842	0.008	3.012	0.001
	50%	1.499	0.002	0.752	0.166	0.939	0.004	3.462	0.000
	60%	1.558	0.001	0.364	0.610	0.984	0.007	3.591	0.000
	80%	1.885	0.000	0.769	0.226	0.809	0.058	5.259	0.000
$\hat{\beta}$	20%	-0.045	0.466	0.019	0.812	-0.069	0.096	-0.051	0.634
	40%	-0.077	0.251	0.036	0.625	-0.036	0.332	-0.080	0.530
	50%	-0.098	0.189	0.025	0.740	-0.047	0.219	-0.138	0.293
	60%	-0.106	0.154	0.089	0.390	-0.047	0.281	-0.154	0.235
	80%	-0.137	0.064	0.042	0.639	-0.021	0.694	-0.368	0.032
方程拟合度		R^2	0.071	R^2	0.019	R^2	0.027	R^2	0.053
		P 值	0.125	P 值	0.452	P 值	0.356	P 值	0.194

（二）我国区域经济增长条件收敛的模型估计

表 3 - 7 列出了基于省级区划数据模型（2）的 OLS 估计结果，可以发现，在加入区域金融变量后有效提升了方程的拟合度，特别是在 1992～2002 年和 2003～2008 年间两段方程的拟合优度和方程系数的显著性都明显增强，表明区域金融在区域经济收敛中具有极其重要的作用。三段估计区间，我国区域经济增长的 β 估计值均变为正数，区域金融发展 γ 估计值为负，表明我国区域经济收敛与区域金融水平密切相关，或者说区域金融发展水平能够引起区域经济增长的收敛，其作用大小甚至超过了区域经济增长本身对收敛的影响。但方程在 1978～1991 年和 1978～2014 年的拟合程度还不够理想，这表明我国区域经济增长只是在一定阶段和一定程度上存在条件收敛。

表 3 -7 区域经济条件收敛的 OLS 估计结果

参数	1978～1991	1992～2002	2003～2008	1978～2014
$\hat{\alpha}$	1.292（0.010）	0.853（0.018）	1.105（0.000）	3.161（0.001）
$\hat{\beta}$	0.018（0.929）	0.347（0.021）	0.140（0.028）	0.140（0.689）
$\hat{\gamma}$	-0.082（0.587）	-0.282（0.029）	-0.163（0.003）	-0.228（0.383）
R^2	0.068	0.175	0.328	0.084
F 值	1.028	2.972	6.825	1.289
F 显著性水平	0.371	0.068	0.004	0.291
D. W 值	2.245	1.774	1.532	1.810

表 3 - 8 列出了模型②的分量回归估计结果。与 OLS 模型的估计结果相类似，在 1978 ~ 1991 年间，我国区域经济增长的 β 估计值均为负数，区域金融发展的 γ 估计值为正，表明在此期间由于我国商业银行的市场化改革还没完全开展，故在此期间区域经济收敛主要还是与自身经济水平相关。而在 1992 ~ 2002 年和 2003 ~ 2014 年情况则正好相反，表明随着我国金融市场化程度逐渐加深，金融在配置和引导经济资源中发挥的作用越来越强大，因此金融发展水平就成为影响区域经济增长收敛的决定性因素，并且在大多数情况下都通过了显著性检验，其系数的拟合优度无论在显著性水平还是作用大小方面都明显高于区域经济水平的系数，因此通过区域金融资源的优化均衡调配将会有利于我国区域经济向均衡点收敛。

表 3 - 8　　　　　　　　区域经济条件收敛的分量回归估计结果

分位数		1978 ~ 1991 年		1992 ~ 2002 年		2003 ~ 2014 年		1978 ~ 2014 年	
		系数	P 值	系数	P 值	系数	P 值	系数	P 值
$\hat{\alpha}$	20%	0.620	0.301	0.637	0.146	0.766	0.002	2.461	0.004
	40%	1.437	0.019	1.084	0.033	0.993	0.001	2.690	0.010
	50%	1.670	0.009	1.098	0.036	1.153	0.000	3.253	0.003
	60%	1.685	0.008	1.167	0.024	1.140	0.000	3.629	0.001
	80%	2.052	0.001	0.287	0.787	1.341	0.000	2.108	0.188
$\hat{\beta}$	20%	0.084	0.751	0.354	0.105	0.056	0.419	0.107	0.757
	40%	− 0.183	0.517	0.517	0.011	0.134	0.124	0.107	0.810
	50%	− 0.236	0.412	0.523	0.011	0.175	0.107	− 0.042	0.926
	60%	− 0.227	0.425	0.527	0.009	0.131	0.191	− 0.193	0.679
	80%	− 0.255	0.456	0.205	0.523	0.081	0.400	1.347	0.239
$\hat{\gamma}$	20%	− 0.066	0.729	− 0.276	0.142	− 0.069	0.212	− 0.119	0.641
	40%	0.089	0.674	− 0.456	0.010	− 0.148	0.045	− 0.140	0.672
	50%	0.111	0.605	− 0.463	0.011	− 0.195	0.045	− 0.066	0.844
	60%	0.100	0.636	− 0.473	0.007	− 0.157	0.063	0.032	0.926
	80%	0.089	0.739	− 0.079	0.758	− 0.135	0.087	− 1.224	0.183
方程拟合度		R^2	0.089	R^2	0.189	R^2	0.213	R^2	0.054
		P 值	0.233	P 值	0.031	P 值	0.019	P 值	0.417

（三）我国区域经济增长俱乐部收敛的模型估计

模型（3）的估计结果如表 3 - 9 显示，为了判断究竟是模型截距还是斜率参数存在区域效应，我们分别对截距不同、斜率相同以及截距相同、斜率都不相同进行假设检验，结果表明，我国区域经济增长的俱乐部收敛主要表现为"截距效应"，因此确定以截距不同的模型作为最佳模型进行参数估计。大部分方程系数估计值显著性水平很高并且整个方程拟合度很好，因此中国省级区域增长支持空间俱乐部收敛假设，可以发现东部地区的收敛速度较快。整体上看，我国区域经济增长俱乐部收敛模型的估计结果是较为理想，不仅系数估计值符合预期，而且也不存在明显的模型误设问题，同时模型的系数显著性和整个方程的拟合优度均有较大程度的提升。

表 3 – 9   区域经济俱乐部收敛的 OLS 估计结果

参数	1978～1991 年	1992～2002 年	2003～2014 年	1978～2014 年
$\hat{\alpha}_{east}$	2.864（0.000）	1.956（0.000）	0.725（0.043）	6.130（0.000）
$\hat{\alpha}_{midd}$	2.593（0.000）	1.759（0.000）	0.821（0.013）	5.715（0.000）
$\hat{\alpha}_{west}$	2.473（0.000）	1.733（0.000）	0.776（0.015）	5.385（0.000）
$\hat{\beta}$	−0.442（0.024）	0.204（0.165）	0.171（0.040）	−0.789（0.011）
$\hat{\gamma}$	0.152（0.248）	−0.279（0.022）	−0.154（0.007）	0.272（0.189）
R^2	0.529	0.382	0.434	0.610
$D.W$ 值	2.178	2.056	1.322	2.054

表 3 – 10 列出了模型（3）的分量回归估计结果。空间俱乐部收敛模型的结果仍表明，在 1978～1991 年间，我国区域经济增长的 β 估计值多为负数，区域金融发展的 γ 估计值为正，表明在此期间由于我国商业银行的市场化改革还没有完全开展，故在此期间区域经济收敛主要还是与自身经济水平相关。而在 1992～2002 年和 2003～2014 年则随着我国金融市场化程度逐渐加深，金融发展水平就成为影响区域经济增长收敛的决定性因素，并且在大多数情况下都通过了显著性检验。通过分位数回归还可以发现，2003 年以来我国区域经济的收敛趋势主要在于经济发展水平处于中游地区的经济增长加速收敛，无论是在任何的分位数水平上，经济发展水平居中地区的斜率系数都要高于中部和东部地区，这在一定程度上表明，近年来我国区域经济收敛的趋势一方面是由于东部地区增长在逐渐放缓，但更重要的是中部地区崛起的速度正在加快，结合前文的分析，可以认为区域金融向中部地区加快倾斜是其中

的重要因素。

表 3 - 10   区域经济俱乐部收敛的 Quantile 估计结果

分位数		1978~1991 年		1992~2002 年		2003~2008 年		1978~2008 年	
		系数	P 值	系数	P 值	系数	P 值	系数	P 值
$\hat{\alpha}_{east}$	20%	2.328	0.001	1.448	0.011	0.690	0.059	6.641	0.000
	40%	2.985	0.001	1.695	0.016	1.205	0.015	6.674	0.000
	50%	2.520	0.001	2.114	0.006	1.019	0.049	6.072	0.000
	60%	2.843	0.000	2.154	0.005	0.831	0.124	5.998	0.000
	80%	3.611	0.000	2.412	0.002	0.503	0.556	5.208	0.004
$\hat{\alpha}_{midd}$	20%	2.147	0.001	1.322	0.009	0.751	0.023	6.379	0.000
	40%	2.762	0.001	1.551	0.015	1.218	0.006	6.278	0.000
	50%	2.315	0.001	1.909	0.005	1.049	0.024	5.673	0.000
	60%	2.613	0.000	1.928	0.005	0.890	0.067	5.560	0.000
	80%	3.186	0.000	2.116	0.002	0.591	0.446	4.723	0.004
$\hat{\alpha}_{west}$	20%	1.942	0.001	1.289	0.010	0.711	0.027	5.935	0.000
	40%	2.618	0.001	1.535	0.015	1.140	0.008	5.861	0.000
	50%	2.212	0.001	1.807	0.007	1.000	0.025	5.286	0.000
	60%	2.493	0.000	1.873	0.006	0.851	0.067	5.251	0.000
	80%	3.114	0.000	2.087	0.002	0.597	0.413	4.591	0.004
$\hat{\beta}$	20%	-0.311	0.171	0.482	0.009	0.103	0.222	-1.177	0.023
	40%	-0.485	0.067	0.379	0.097	0.046	0.659	-1.249	0.040
	50%	-0.426	0.085	0.199	0.481	0.091	0.421	-0.797	0.062
	60%	-0.505	0.042	0.095	0.705	0.135	0.269	-0.781	0.068
	80%	-0.634	0.019	0.005	0.983	0.262	0.173	0.079	0.934
$\hat{\gamma}$	20%	0.085	0.585	-0.469	0.002	-0.101	0.072	0.538	0.101
	40%	0.164	0.341	-0.404	0.030	-0.098	0.153	0.636	0.151
	50%	0.188	0.270	-0.289	0.199	-0.116	0.121	0.288	0.367
	60%	0.220	0.195	-0.202	0.318	-0.133	0.083	0.293	0.373
	80%	0.254	0.141	-0.149	0.417	-0.200	0.033	-0.420	0.559
方程拟合度		R^2	0.329	R^2	0.294	R^2	0.254	R^2	0.397

（四）我国区域经济增长空间滞后模型估计分析

模型（4）的估计结果如表 3 – 11 显示，大部分方程系数估计值的显著性检验效果很好，方程拟合程度也有了进一步提升，表明引入空间滞后因子后使得整个模型较好地捕捉到了我国区域经济发展的收敛状况。但是引入空间滞后项对收敛速度的影响不大。空间滞后项的系数估计值很小，而且很不显著，这种结果与前面探索性空间数据分析的结果不太一致。探索性空间数据分析探测到了较明显的区域外溢，但空间计量分析却没有发现显著的区域外溢。我们对此的解释是：探索性空间数据分析所发现的空间相关性和区域外溢很可能在较大程度上产生于空间异质性，即地区之间的增长业绩相似，可能是由于它们具有相似的区位，而不是真正的区域外溢所致，在空间计量经济模型中控制了空间异质性之后，区域外溢就变得不显著了。

表 3 – 11　　　　　　　区域经济增长空间滞后模型 OLS 估计结果

参数	1978 ~ 1991 年	1992 ~ 2002 年	2003 ~ 2014 年	1978 ~ 2014 年
$\hat{\alpha}_{east}$	2.862 （0.000）	1.913 （0.000）	0.743 （0.043）	5.878 （0.000）
$\hat{\alpha}_{midd}$	2.590 （0.000）	1.698 （0.000）	0.828 （0.014）	5.421 （0.000）
$\hat{\alpha}_{west}$	2.470 （0.000）	1.662 （0.000）	0.784 （0.016）	5.134 （0.000）
$\hat{\beta}$	− 0.440 （0.027）	0.068 （0.686）	0.164 （0.055）	− 0.747 （0.014）
$\hat{\gamma}$	0.151 （0.260）	− 0.182 （0.170）	− 0.154 （0.008）	0.216 （0.289）
$\hat{\rho}$	0.005 （0.972）	0.221 （0.142）	0.056 （0.663）	0.131 （0.121）
R^2	0.529	0.434	0.438	0.647
$D.W$ 值	2.174	2.004	1.302	1.941

从表 3 – 12 区域经济增长空间滞后模型的分量回归估计结果来看，我国区域经济在 1978 ~ 1991 年和 2003 ~ 2014 年间分别表现为绝对收敛和条件收敛。在 1978 ~ 1991 年间，我国区域经济增长在一定程度上表现出绝对收敛的趋势，并且越是经济发展水平高的地区，其绝对收敛的趋势越明显。但在 2003 年以来，我国区域经济增长收敛主要与区域金融发展水平密切相关，并且在金融发展水平越高的地方，区域经济增长收敛的速度越快，再次证明了区域金融发展状况对区域经济收敛的重要作用。

表 3－12　　　　区域经济增长空间滞后模型分量回归估计结果

分位数		1978～1991 年		1992～2002 年		2003～2014 年		1978～2014 年	
		系数	P 值	系数	P 值	系数	P 值	系数	P 值
$\hat{\alpha}_{east}$	20%	2.577	0.005	1.423	0.012	0.720	0.073	6.916	0.000
	40%	2.977	0.002	1.817	0.007	1.185	0.006	6.776	0.000
	50%	2.651	0.000	1.848	0.007	0.770	0.165	5.662	0.000
	60%	2.717	0.000	1.868	0.008	0.765	0.182	5.489	0.000
	80%	3.647	0.000	2.455	0.192	0.705	0.237	5.665	0.003
$\hat{\alpha}_{midd}$	20%	2.413	0.007	1.272	0.009	0.766	0.028	6.431	0.000
	40%	2.778	0.003	1.624	0.008	1.173	0.002	6.355	0.000
	50%	2.398	0.001	1.648	0.009	0.806	0.101	5.257	0.000
	60%	2.490	0.000	1.658	0.010	0.799	0.114	5.089	0.000
	80%	3.219	0.000	2.174	0.208	0.772	0.142	5.123	0.003
$\hat{\alpha}_{west}$	20%	2.196	0.009	1.228	0.009	0.719	0.036	6.041	0.000
	40%	2.632	0.003	1.506	0.013	1.086	0.004	5.981	0.000
	50%	2.312	0.001	1.588	0.012	0.774	0.103	4.911	0.000
	60%	2.372	0.000	1.617	0.012	0.767	0.117	4.798	0.000
	80%	3.148	0.000	2.132	0.202	0.770	0.124	4.983	0.002
$\hat{\beta}$	20%	−0.351	0.193	0.357	0.245	0.076	0.394	−1.102	0.019
	40%	−0.483	0.096	0.084	0.752	0.046	0.606	−1.129	0.036
	50%	−0.442	0.083	0.082	0.748	0.139	0.271	−0.777	0.053
	60%	−0.485	0.053	−0.004	0.986	0.147	0.250	−0.754	0.057
	80%	−0.664	0.032	0.047	0.869	0.166	0.251	−0.439	0.599
$\hat{\gamma}$	20%	0.094	0.587	−0.366	0.101	−0.083	0.132	0.402	0.192
	40%	0.163	0.385	−0.191	0.366	−0.105	0.110	0.459	0.193
	50%	0.181	0.312	−0.194	0.350	−0.138	0.090	0.284	0.345
	60%	0.216	0.217	−0.127	0.533	−0.143	0.081	0.291	0.333
	80%	0.263	0.143	−0.172	0.456	−0.152	0.072	−0.091	0.880
$\hat{\rho}$	20%	−0.085	0.664	0.075	0.703	0.020	0.883	0.084	0.381
	40%	−0.025	0.899	0.284	0.147	0.193	0.165	0.077	0.509
	50%	0.044	0.800	0.288	0.136	0.147	0.381	0.119	0.282
	60%	0.031	0.856	0.343	0.073	0.155	0.355	0.120	0.277
	80%	0.097	0.690	−0.151	0.934	0.153	0.332	0.270	0.014
方程拟合度		R^2	0.338	R^2	0.345	R^2	0.284	R^2	0.432

（五）区域经济增长空间误差模型估计

模型（5）的估计结果如表 3-13 显示，通过与前面 4 个模型的对比可以发现，区域经济增长空间误差模型是几个模型中效果最好的。根据表 3-13，我国区域经济收敛趋势在不同时期受不同收敛机制的影响，其中在 1978～1991 年期间主要为绝对收敛机制在起主导作用，但 1992～2002 年和 2003～2008 年间，主要受条件收敛的影响，其中区域金融发展水平起到决定性作用，其影响力大小和显著性水平均高于其他参数。需要指出的是，在 1992～2002 年间，区域经济增长的空间误差因子的影响力度也非常大，这期间虽然区域金融的作用日益凸显，但区域经济增长的空间误差因子起到主导作用，表明相邻地区的技术、人口、贸易条件等本书没有考察的其他因素对在此期间我国区域经济增长收敛的影响较大。

表 3-13　　　　区域经济增长空间误差模型 OLS 估计结果

参数	1978～1991 年	1992～2002 年	2003～2014 年	1978～2014 年
$\hat{\alpha}_{east}$	2.842（0.000）	1.888（0.000）	0.727（0.047）	6.263（0.000）
$\hat{\alpha}_{midd}$	2.573（0.000）	1.711（0.000）	0.825（0.015）	5.837（0.000）
$\hat{\alpha}_{west}$	2.452（0.000）	1.723（0.000）	0.778（0.017）	5.498（0.000）
$\hat{\beta}$	-0.429（0.039）	0.294（0.036）	0.173（0.042）	-0.849（0.013）
$\hat{\gamma}$	0.142（0.314）	-0.347（0.003）	-0.156（0.007）	0.311（0.166）
$\hat{\lambda}$	-0.085（0.826）	-1.596（0.013）	-0.202（0.710）	0.220（0.610）
R^2	0.530	0.520	0.437	0.615
D.W 值	2.178	2.305	1.337	2.021

表 3-14　　　　域经济空间误差模型的分量回归估计结果

分位数		1978～1991 年		1992～2002 年		2003～2014 年		1978～2014 年	
		系数	P 值	系数	P 值	系数	P 值	系数	P 值
$\hat{\alpha}_{east}$	20%	2.822	0.005	1.415	0.003	0.699	0.058	5.858	0.002
	40%	3.136	0.000	1.414	0.030	0.814	0.081	6.863	0.000
	50%	2.742	0.000	1.861	0.010	0.960	0.048	5.878	0.000
	60%	2.742	0.000	1.934	0.005	0.851	0.135	5.904	0.000
	80%	3.667	0.001	2.312	0.002	0.410	0.644	5.513	0.023

分位数		1978～1991 年		1992～2002 年		2003～2014 年		1978～2014 年	
		系数	P 值	系数	P 值	系数	P 值	系数	P 值
$\hat{\alpha}_{midd}$	20%	2.609	0.006	1.305	0.002	0.761	0.023	5.762	0.002
	40%	2.909	0.000	1.317	0.022	0.896	0.032	6.461	0.000
	50%	2.519	0.000	1.671	0.008	1.007	0.021	5.464	0.000
	60%	2.519	0.000	1.736	0.005	0.898	0.078	5.506	0.000
	80%	3.235	0.001	2.038	0.002	0.506	0.534	5.023	0.026
$\hat{\alpha}_{west}$	20%	2.418	0.008	1.333	0.001	0.713	0.028	5.299	0.002
	40%	2.756	0.000	1.325	0.019	0.807	0.047	5.989	0.000
	50%	2.393	0.001	1.691	0.006	0.944	0.025	5.096	0.000
	60%	2.396	0.000	1.747	0.004	0.856	0.081	5.169	0.000
	80%	3.165	0.001	2.060	0.002	0.515	0.499	4.891	0.024
$\hat{\beta}$	20%	-0.376	0.163	0.553	0.001	0.085	0.326	-0.790	0.133
	40%	-0.530	0.047	0.423	0.051	0.108	0.330	-1.363	0.139
	50%	-0.488	0.066	0.332	0.219	0.095	0.392	-0.765	0.080
	60%	-0.488	0.059	0.232	0.336	0.135	0.274	-0.786	0.064
	80%	-0.645	0.057	0.067	0.731	0.286	0.163	-0.030	0.982
$\hat{\gamma}$	20%	0.069	0.691	-0.522	0.000	-0.088	0.137	0.260	0.424
	40%	0.185	0.302	-0.410	0.016	-0.114	0.102	0.720	0.292
	50%	0.219	0.228	-0.376	0.065	-0.114	0.112	0.292	0.368
	60%	0.219	0.215	-0.297	0.111	-0.135	0.086	0.309	0.329
	80%	0.256	0.217	-0.190	0.243	-0.211	0.030	-0.362	0.718
$\hat{\lambda}$	20%	-0.540	0.592	-2.110	0.006	0.197	0.767	-0.905	0.518
	40%	0.247	0.695	-1.549	0.079	-0.984	0.256	0.268	0.703
	50%	0.067	0.889	-1.458	0.086	-0.332	0.666	0.254	0.647
	60%	0.067	0.885	-1.100	0.159	0.150	0.856	0.258	0.638
	80%	0.089	0.894	-1.008	0.231	-0.147	0.884	0.213	0.813
方程拟合度		R^2	0.332	R^2	0.393	R^2	0.261	R^2	0.404

三、地级层面区域金融发展与经济增长收敛机制

表 3-15 给出了基于地级区划数据的模型（1）～模型（5）估计和检验结果。可以发现：

首先，通过绝对收敛模型的估计及检验结果表明，无论用模型（1）～模型（5）中的任何模型，在考察期内我国地市级区域均主要表现为绝对

收敛机制，而不存在条件收敛或者空间滞后收敛等情形。

其次，空间俱乐部模型（2）的计量分析结果表明，东中西三大地带的划分虽然在一定程度识别了实际存在的空间异质性，但由于地级空间尺度上的空间异质性更加复杂，仅仅划分为东中西三个俱乐部无法充分识别空间异质性，因此考虑了空间异质性后，空间相关性问题依然显著存在。我们估计产生这些问题可能是由于没有充分识别空间异质性，以及空间权重矩阵选择不当。另外，相对于省级分析单元而言，地级分析单元在尺度上要小得多，地区经济增长的空间相关性更加显著，而且存在显著的高阶空间相关，这都说明简单的二分相邻矩阵对于地级尺度的分析有待进一步改进。

表 3 – 15　　　　基于地市级区划的区域经济收敛 OLS 估计分析结果

	模型（1）	模型（2）	模型（3）	模型（4）	模型（5）
$\hat{\alpha}$	1. 216 (0. 000)	1. 180 (0. 000)	—	—	—
$\hat{\beta}$	− 0. 026 (0. 423)	− 0. 252 (0. 000)	− 0. 328 (0. 000)	− 0. 269 (0. 000)	− 0. 301 (0. 000)
$\hat{\gamma}$	—	0. 217 (0. 000)	0. 245 (0. 000)	0. 175 (0. 000)	0. 200 (0. 000)
$\hat{\rho}$	—	—	—	0. 600 (0. 000)	—
$\hat{\lambda}$	—	—	—	—	0. 735 (0. 000)
$\hat{\alpha}$ – east	—	—	1. 644 (0. 000)	1. 191 (0. 000)	1. 809 (0. 000)
$\hat{\alpha}$ _midd	—	—	1. 579 (0. 000)	1. 143 (0. 000)	1. 776 (0. 000)
$\hat{\alpha}$ _west	—	—	1. 481 (0. 000)	1. 049 (0. 000)	1. 722 (0. 000)
R^2	0. 002	0. 089	0. 113	0. 250	0. 273
F 值	0. 644	14. 014	—	—	—

最后，由于在模型中引入空间异质性没有消除空间相关性问题，我们在空间俱乐部模型中明确引入空间相关性。我们推断在地级尺度上可能存在着明显的规模收益递增，收敛模型不适合用来研究地级区域的增长问题。模型空间滞后项的系数估计值非常显著，这意味着在中国区域经济增长过程中，地级空间尺度上的区域外溢显著存在，这与地级尺度上探索性

空间数据分析的发现是相吻合的。一个地区的增长业绩不仅取决于自身的因素，而且受相邻地区的影响；一个地区获得有利的增长因素以至良好的增长业绩都将惠及相邻地区。

使用分量回归估计得到的结论与 OLS 估计基本一致，只是更为具体详尽，这里仅列出对区域经济空间误差模型即模型（5）的分量回归估计分析结果，具体如表 3-16 所示。通过与省级区域估计结果相比较，我们可以发现，地级尺度上的区域经济增长表现出了更强的发散性，由于在地级尺度上可能存在规模收益递增，地理分析单元与集聚经济联系更密切，基于收益递减的理论分析框架不适合用来解释地级尺度上的区域经济增长。同时东、中、西三大地带的划分对于理解省级空间尺度上的区域经济增长是比较适当的，但对于地级尺度而言，空间异质性表现得更加复杂，东中西三大地带的划分过于粗糙，难以充分和准确地识别区域经济增长的空间异质性。另外，相对于省级空间尺度，地级空间上的区域外溢更加显著，说明溢出效应在较小的空间尺度上表现得更强烈，这暗示着溢出效应的扩散范围有限，如果研究选择的空间尺度过大可能无法探测到区域外溢。

表 3-16　　　　　基于地市级区划的区域经济空间误差
模型分量回归估计分析结果

	分位数	系数	P 值		分位数	系数	P 值
$\hat{\alpha}_{east}$	20%	1.400	0.000	$\hat{\beta}$	20%	−0.339	0.000
	40%	1.868	0.000		40%	−0.339	0.000
	50%	1.637	0.000		50%	−0.267	0.001
	60%	1.660	0.000		60%	−0.273	0.000
	80%	1.747	0.000		80%	−0.347	0.000
$\hat{\alpha}_{midd}$	20%	1.370	0.000	$\hat{\gamma}$	20%	0.260	0.000
	40%	1.811	0.000		40%	0.224	0.000
	50%	1.606	0.000		50%	0.188	0.004
	60%	1.632	0.000		60%	0.195	0.002
	80%	1.723	0.000		80%	0.269	0.001
$\hat{\alpha}_{west}$	20%	1.262	0.000	$\hat{\lambda}$	20%	0.510	0.001
	40%	1.785	0.000		40%	0.667	0.000
	50%	1.576	0.000		50%	0.748	0.000
	60%	1.585	0.000		60%	0.672	0.000
	80%	1.691	0.000		80%	0.589	0.000
方程拟合度	R^2	0.137					

本章小结

利用标准差、变异系数、基尼系数和泰尔指数四种统计指标来度量我国各地区间的经济差距，发现我国区域金融差距的演进趋势与区域经济差距的发展趋势表现出高度的相似，但从指标数值来看，"金融发展差异"的指标值很明显高于"区域经济发展差距"的指标值，因此区域金融发展差距演进状态有可能是引起区域经济发展差距变动的原因，并且金融格局的变动可能要比经济格局的变动更为敏感、更为迅速。

运用 Granger 因果检验判断我国区际经济空间布局发展趋势与金融变量间的逻辑因果关系。发现在东、中、西三大经济俱乐部之间，区域经济与金融具有显著的 Granger 相互影响，但在三大经济俱乐部内部，区域经济与金融的变动没有明显的 Granger 因果关系，说明三大俱乐部之间对金融资源的吸引和配置强化了三大地区之间的经济差距，而三大地区之间经济差距的拉大也进一步使得金融资源向经济高水平地区聚集，两者互相强化，形成马太效应，这也是为什么我国三大俱乐部之间差距越来越大的重要原因；而在三大俱乐部内部，区域经济发展差异与区域金融发展差异的因果关系则并不显著，可能的原因是，在三大经济区内部的省市之间，对于金融资源的吸引力等条件都差不多，因此金融资源分布没有表现出明显的空间倾向，其区域经济与金融的空间分布更受到其他有关因素的影响。

将空间计量分析技术与分量回归（quantile regression）技术相结合，有效克服了现有研究中使用传统回归方法只能度量外生变量对内生变量的"平均"影响、而无法体现在条件分布不同位置时外生变量的影响差异的局限和不足，对我国区域经济收敛及其金融原因进行了重新审视。结果发现，在 1978～1991 年间，我国区域经济增长的 β 估计值均为负数，在 1992～2002 年为正数，在 2003～2008 年为负数，这与前文发现我国区域经济增长"收敛—发散—收敛"的 S 型增长状态完全一致，整个考察期内省区经济增长 β 估计值为负数，表明在一定程度上，我国区域经济增长正在趋于收敛。但由于这当中的绝大部分 β 估计值也未通过显著性检验，因此不能支持我国区域经济的绝对收敛假说。但是，在 1978～1991 年间，随着区域经济发展水平由条件分布的低端（低分位数）向高端变化，β 估计值越来越小，表明在此期间我国区域经济发展水平越高的地区，区域经济收敛速度越快；2003～2008 年间，则正好相反，区域经济发展水平越低的地区，经济增长收敛的速度越快，这在一定程度上证明，我国区域经济增长在 1978～1991 年间是发达地区加快发展的时期，而 2003 年以来则是欠发达地区的经济增速加快，因此 2003 年以来的经济收敛趋势更具均衡意义，这也表明了使用分量回归技术较传统 OLS 方法的优越性所在。

第四章　区域金融发展与经济增长阈效应分析

在众多对金融发展与经济增长关系的研究中，当前有很多学者仅仅把我国简单划分为东、中、西三大地带，并认为其分别属于发达、发展中和落后区域，在此基础上分析上述区域金融数据的异同和关联，认为三大地区的经济水平差异与金融发展差异之间存在某种联系，如在金融发达区域其经济水平高并且增长速度快。综观现有成果，虽然这些结论有一定合理性，但其对取得结论的前提却重视不够，例如区域金融发展与经济增长有何关联，为什么区域金融发展能够影响经济增长，贫穷地区和富裕地区的经济各自是以何种方式增长的，其经济增长与区域金融发展是何种关系？国际上越来越多的学者认识到金融发展与经济增长并非简单的线性关系，金融发展对经济增长的促进作用的发挥是需要一定的条件的，二者关系并非一成不变，在一定的条件下两者之间的关系可能会发生结构性的变化。国内对区域金融发展与经济增长研究主要集中在两者之间的线性关系方面，对二者非线性关系研究较为不足；即使有研究者意识到两者之间可能存在非线性的关系，也由于研究者采取主观分类的数据处理方式，得出的结论说服力也不强。本章通过建立面板数据的阈效应计量分析模型，运用自举引导（bootstrap）方法对区域金融发展与区域经济增长之间的"阈效应"和"阈值点"进行估计检验，揭示我国区域金融发展与经济增长间的非线性关系，并进一步分析金融发展对经济增长的促进作用的发挥所需的阈值条件。

第一节　阈效应回归模型设定与数据说明

利用非线性时间序列模型等统计方法证明并检验金融发展与经济增长的非线性关系主要有两种方法，一是以"时间（时期）"为结构转折点的非线性方法，如提出的马尔可夫区制转移模型（markov regime switching model）；而另一种则是以"变量为结构转折点的非线性方法"，如阈效应模型（threshold models）。相比之下，由于适用范围较广，"统计方法类"的研究手段在目前实证研究中得到了更加广泛的应用。本书试图利用以"变量"为结构转折点的非线性方法——面板数据阈效应回归模型来探讨我国金融发展与经济增长的关联性问题，为估计检验区域金融发展与区域经济增长之间的"阈效应"和"阈值点"，可以建立一个包含不同"区制"的阈回归模型来进行实证检验，将地区经济增长速度作为因变量，地区金融增长速度作为自变量，并分别把地区金融发展水平和地区经济发展水平作为阈变量，检验地区金融发展速度对经济的实际增长速度是否具有阈值效应。

一、阈效应模型的设定

在阈回归模型中必须使用平衡的面板数据，如 $\{y_{it}, d_{it}, x_{it} : 1 \leq i \leq n,\ 1 \leq t \leq T\}$，其中下标 i 代表不同的地区，下标 t 代表时间，因变量 y_{it} 和阈变量 d_{it} 均为标量，自变量 x_{it} 是一个 k 阶向量，单阈值模型对应的方程如下：

$$y_{it} = \mu_i + \beta_1' x_{it} I(d_{it} \leq \gamma) + \beta_2' x_{it} I(d_{it} > \gamma) + e_{it} \qquad (4-1)$$

在公式（4-1）中，$I(\cdot)$ 代表指示函数，因此可以将方程（4-1）改写为：

$$y_{it} = \begin{cases} \mu_i + \beta_1' x_{it} + e_{it}, & d_{it} \leq \gamma \\ \mu_i + \beta_2' x_{it} + e_{it}, & d_{it} > \gamma \end{cases} \qquad (4-2)$$

或者令 $x_{it}(\gamma) = \begin{pmatrix} x_{it} I(d_{it} \leq \gamma) \\ x_{it} I(d_{it} > \gamma) \end{pmatrix}$、$\beta = (\beta_1', \beta_2')$，则方程（4-1）和（4-2）可以改写为：

$$y_{it} = \mu_{it} + \beta' x_{it}(\gamma) + e_{it} \qquad (4-3)$$

由此我们可以发现，方程设定的阈值 γ 将观测值分为两个区间，分别对应不同的斜率系数 β_1 和 β_2，这里要求 x_{it} 里面的元素属于时间变量，同时模型假设阈变量 d_{it} 也属于时间变量，并且误差项 e_{it} 满足均值为 0、方差为 σ^2 的独立同分布假设。

本书建立了"三区制"的阈回归模型，具体形式如下：

$$y_{it} = \mu_i + \theta w y_{it} + \beta_1' x_{it} I(d_{it} \leq \gamma_1) + \beta_2' x_{it} I(\gamma_1 < d_{it} \leq \gamma_2)$$
$$+ \beta_3' x_{it} I(\gamma_1 < d_{it}) + e_{it} \qquad (4-4)$$

其中 y_{it} 代表省区 i 在第 t 年的经济增长速度，用真实人均 GDP 增速表示；wy_{it} 为区域经济增长的空间滞后因子，计算方法同第 3 章第 1 节；x_{it} 为地区金融增速，用人均存贷款总量表示，阈变量 d_{it} 将分别用地区人均 GDP 水平和人均存贷款资源水平代表，以观测区域经济金融水平在金融发展与经济增长关系中的阈值效应。

二、阈效应模型所使用数据的说明

由于我国金融市场化改革在 20 世纪 90 年代初才开始，考虑到数据的可靠性、完整性和平衡性，本书研究时间段选取为 1992 ~ 2014 年中国各省份的金融发展与经济增长情况，选取我国大陆 31 个省、自治区和直辖市数据。本书的主要数据取自《新中国五十年统计资料汇编》《中国统计年鉴》和中国经济信息网，数据包括各省份国内生产总值（亿元）、各省份 CPI 指数（%）、各省份人民币存款总额（亿元）、各省份人民币贷款总额（亿元）、各省份总人口（万人）等。表 4 - 1 是相关数据的描述统计信息：

对上述方程中观测值的整体样本进行分位数分析，能够发现表 4 - 1 中数据特征，如观察值中经济增速（即真实人均 GDP 增速）大部分均大于零，中位数是 10.36%，大于 8.53% 的个数占到总样本数的 75%；而代表各省相邻地区平均增速的经济增长空间滞后项则较为集中，75% 以上的数据集中于 9.02% ~ 21.21% 之间，由于海南省没有与其他省份直接相邻，因此根据空间相邻权重计算规则，其空间滞后因子为 0；还可以发现在任何分位数水平上，人均存贷款额都要大于人均 GDP 水平，并且差距很大。经济增速和金融增速出现了负增长，本书认为其原因在于物价因素影响，因为 1991 ~ 1994 年的 4 年间我国的通货膨胀十分严重，因此在我国的部分区域剔除物价影响因素后经济发展的真实增速为负，这与我国的真实情况相符；另外在观察值中发现金融发展速度出现负值，其原因在于我国中央银行为抑制通货膨胀严格控制信贷增长，因此部分地区的金融资产实际增速下滑为负值。

表 4 - 1 　　　　　　　　　　　各变量的统计描述

变量名	变量说明	最小值	25% 分位数	中位数	75% 分位数	最大值
y_{it}	经济增速	- 0.30	8.53	10.36	12.40	49.82
wy_{it}	经济增长空间滞后因子	0.00	9.02	10.63	12.76	21.21
x_{it}	金融增速	- 28.55	12.78	17.25	22.19	92.84

变量名	变量说明	最小值	25%分位数	中位数	75%分位数	最大值
$d_{it}^{\,1}$	人均 GDP 水平	0.47	1.34	2.12	3.67	26.92
$d_{it}^{\,2}$	人均存贷款资源	1.56	7.75	15.20	28.24	365.35

第二节　地区经济发展水平对金融发展与经济增长关系的影响

为了检验阈效应是否存在以及确定对应的阈值数量，我们分别假定模型中不存在阈效应、存在单个阈效应、双阈效应以及三重阈效应，并分别进行 OLS 估计，然后利用他们的残差项构造对应的 F 检验。表 4 - 2 显示了以实际人均 GDP 作为阈变量时的阈效应检验结果，及其对应的自举引导模拟检验的 P 值，以及 10%、5%、1% 水平下分别对应的临界值。我们发现单阈值模型对应的 F 值非常显著，对应的 P 值为 0.006；双阈值模型对应的 F 值也非常显著，对应 P 值为 0.031；但是三重阈效应检验对应 P 值相对偏大，达到了 0.136，因此在 5% 的显著水平下，我们接受模型存在双阈效应的假设，即我国区域经济发展水平不但影响了金融发展与经济增长的关系，而且这种影响存在两个阈值。

表 4 - 2　　　　　　　　　　阈效应检验结果

	10%	5%	1%	F 值	P 值
单个阈效应	16.612	19.271	24.201	25.621	0.006
双阈效应	55.182	71.984	112.042	120.36	0.031
三重阈效应	17.522	22.354	31.577	12.365	0.136

似然比函数图（图 4 - 1 ~ 图 4 - 3）提供了更多阈估计值的信息。图 4 - 1 至图 4 - 3 横轴代表阈变量的值，纵轴代表了似然比函数的值，当似然比函数值等于 0 时，对应的阈变量值就是我们需要的 γ 估计量。下方的水平虚线与似然比函数的两个交点对应的值定义了 γ 95% 的置信区间。可以发现 γ_2 的阈效应比 γ_1 的阈效应更强，因为在第一阶段的检验中，我们用的是单阈值模型，从中得到了 γ_2 的估计值，当似然比函数值等于 0 时，对应的阈估计值就是我们要估计的阈估计量 γ_2，由图 4 - 1 可以看出，$\gamma_2 = 1.522$。

图 4 - 1　单阈模型的似然比函数

图 4 - 2　双阈模型的似然比函数

　　图 4 - 2 对应的是似然比函数代表了第二阶段的回归。第二阶段的回归中我们使用的是双阈值模型。图 4 - 2 显示当 $\gamma_1 = 1.161$ 时似然比函数等于 0。根据前面的理论分析，我们知道 1.161 是 γ_1 的渐近有效估计值，但是在第一阶段的回归中 $\gamma_2 = 1.522$ 只是 γ_2 的一致估计量，所以我们需要通过第三阶段来重新估计 γ_2 的渐近有效值。图 4 - 3 显示了重新估计后 γ_2 的数值。当 $\gamma_2 = 1.492$ 时，对应的似然比函数值为 0。所以最终我们取 1.492 作为 γ_2 的估计值。通过似然比函数图我们获得了 γ_1、γ_2 的估计值分别为 1.161 和 1.492，根据两个阈值所划分的三个区间，我们把所有的省区分为经济发展水平较低、经济发展水平中等以及经济发展水平较高，分别用区制 Ⅰ、Ⅱ、Ⅲ 表示。

　　表 4 - 3 显示了阈回归参数估计的结果，对应的 OLS 标准差（OLS SE），怀特（White）修正后的标准差（White SE），使用怀特修正后的标

图 4 – 3　双阈模型重新估计的似然比函数

准差计算得到 t 值，当显著性水平为 5% 时，大样本下 t 分布的临界值接近正态分布的临界值 1.96。根据表 4 – 3 中的计算结果发现，周围地区的经济增长速度会影响本地的经济增长，这与前文的研究结论一致。同时还发现，经济发展水平的高低将会影响金融发展与经济增长之间的关系，在模型中表现为回归系数 β 在不同经济发展水平地区中对应的回归结果之间的差别。可以看出，在低经济水平的省份 β 估计值为 – 0.015，在中等经济水平的省份 β 估计值为 0.045 并且通过了 5% 显著性水平检验，在高经济水平省份 β 估计值为 0.031 并且通过了 10% 显著性水平检验。即在低经济水平省份中，经济增长速度与区域金融增速呈负相关，在中等经济地区经济增长速度与区域金融增速显著正相关，在发达地区经济增长速度与区域金融增速显著正相关，但其回归系数小于中等经济水平地区。可见，当某一区域位于区制 II 类型，此时金融增速对经济增速的影响作用达到高峰，这种情况下对贫穷区域追赶富裕区域具有促进作用，原因在于当金融变化相同的比例时，由于增长阈效应的存在，将会使得贫穷区域经济增速较发达区域高很多，但如果该区域位于区制 I 的情况下，则金融增速与经济增速呈负相关，表明此时该地区的金融发展程度过于低下，金融增长速度极为不稳定，极易受到外界环境的影响而出现较大的起伏波动，从统计数据上来看，金融与经济出现了负相关。这说明了经济发展水平对金融发展与经济增长的关系存在双重的阈效应，在经济发展水平落后的省份，金融发展反而阻碍了经济增长，在经济发展水平中等的省份，金融发展显著促进了区域经济增长，在经济发达的省份，金融发展对经济增长仍具有有力的促进作用但其效果弱于经济中等水平地区。

表4-3   阈回归模型的参数估计结果

回归系数	估计值	OLS SE	White SE	t 值
θ	0.061	0.159	0.145	0.421
$\beta_1'(d_{it} \leq \gamma_1)$	-0.015	0.022	0.024	-0.626
$\beta_2'(\gamma_1 < d_{it} \leq \gamma_2)$	0.045	0.026	0.022	2.074
$\beta_3'(\gamma_1 < d_{it})$	0.031	0.020	0.019	1.647

根据实证结果,本书进一步统计了我国各地区每年属于每个区制的数目比例分布情况,如表4-4所示。可以发现,我国大部分地区在初始状态多属于区制Ⅰ,即经济发展水平较低,随后经济逐渐分化,部分地区进入了区制Ⅱ类型,特别是1996年发展为区制Ⅱ的区域数量在快速增长,属于区制Ⅱ的地区在2000年以来又迅速地升级为区制Ⅲ类型,到2014年,属于区制Ⅰ、Ⅱ、Ⅲ的地区之比为3∶0∶97,只有贵州一省的人均GDP水平仍在区制Ⅰ以内。

表4-4   各区制内省区个数占比情况

年份	1993	1994	1995	1996	1997	1998	1999	2000
区制Ⅰ	74	61	52	48	29	19	13	10
区制Ⅱ	3	16	19	19	29	32	32	26
区制Ⅲ	23	23	29	32	42	48	55	65
年份	2001	2002	2003	2004	2005	2006	2007	2008
区制Ⅰ	10	6	6	6	6	3	3	3
区制Ⅱ	13	6	6	3	0	3	0	0
区制Ⅲ	77	87	87	90	94	94	97	97
年份	2009	2010	2011	2012	2013	2014		
区制Ⅰ	10	6	6	6	6	3		
区制Ⅱ	13	6	6	3	0	3		
区制Ⅲ	77	87	87	90	94	94		

第三节　地区金融水平对金融发展与经济增长的影响

为了检验地区金融发展程度对区域金融和区域经济的关系是否同样存在阈效应,采用类似的方法,将地区金融水平作为阈变量,检验模型是否存在阈效应、单个阈效应、双阈效应以及三重阈效应。表4-5显示了以地区人均存贷款总额作为阈变量时的阈效应检验结果，及其对应的自举引导模拟检验的 P 值，以及 10%、5%、1% 水平下分别对应的临界值。在5% 的显著水平下，接受模型存在双阈效应的假设，即我国地区金融水平同样也会影响了区域金融发展与经济增长的关系，且存在两个阈值。

表4-5　　　　　　　　　　　阈效应检验结果

	10%	5%	1%	F 值	P 值
单个阈效应	18.489	22.511	32.012	33.031	0.010
双阈效应	20.125	29.686	105.490	105.360	0.011
三重阈效应	11.959	14.672	27.454	9.138	0.166

根据似然比函数可以获得 γ_1、γ_2 的估计值分别为 13.846 和 83.505，根据两个阈值所划分的三个区间，同样可以把所有的省区分为金融发展水平较低、中等以及较高三者类型，分别用区制 I、II、III 表示。表4-6显示了阈回归参数估计的结果，对应的 OLS 标准差（OLS SE），怀特修正后的标准差（White SE）。根据表4-6中的计算结果发现，在较低金融水平的省份 β 估计值为 -0.031，在中等金融水平的省份 β 估计值为 0.200 并且通过了 5% 显著性水平检验，在高经济水平省份 β 估计值为 0.075。即在低金融水平省份中经济增长速度与区域金融增速呈负相关，在中等金融发展水平地区经济增长速度与区域金融增速显著正相关，在发达地区经济增长速度与区域金融增速也呈正相关，但其回归系数小于中等经济水平地区且不十分显著。这样，我们得到了与前面小节相类似的结论，即当该区域位于区制 II 的类型时，地区金融的发展对于地区经济增长的贡献力度达到高峰，这种情况下利于相对金融资源相对匮乏地区追赶金融富裕地区，但若地区属于区制 I 时，在这种情况下金融发展与经济增长会出现负相关，我们认为此时该区域金融水平太低，因此即便是金融发展增速加快也不能带来经济增长的加速，甚至可能会产生相反的结果。

表4-6　　　　　　　　　　阈回归模型的参数估计结果

回归系数	估计值	OLS SE	White SE	t 值
θ	0.116	0.161	0.161	0.716
$\beta_1'(d_{it} \leqslant \gamma_1)$	-0.031	0.017	0.020	-1.542
$\beta_2'(\gamma_1 < d_{it} \leqslant \gamma_2)$	0.200	0.095	0.088	2.257
$\beta_3'(\gamma_1 < d_{it})$	0.075	0.081	0.061	1.243

对我国各地区每年属于每个区制的数目比例分布情况统计分析如表4-7所示。可以发现，在初始阶段，我国没有一个地区进入区制Ⅲ，大部分地区属于金融发展水平较低的区制Ⅰ，这种状况一直持续到2000年才有所改观。此后，有一部分属于区制Ⅱ的地区逐渐地步入区制Ⅲ，同时区制Ⅰ进入区制Ⅱ地区的速度也在加快，在2007年以后，全部地区都脱离了区制Ⅰ，说明我国区域金融发展的变化很快，变动程度也很大，对此需引起注意。

表4-7　　　　　　　　各区制内省区个数占比情况

年份	1993	1994	1995	1996	1997	1998	1999	2000
区制Ⅰ	94	90	87	87	84	71	71	61
区制Ⅱ	6	10	13	13	16	29	29	32
区制Ⅲ	0	0	0	0	0	0	0	6
年份	2001	2002	2003	2004	2005	2006	2007	2008
区制Ⅰ	52	45	32	19	6	3	0	0
区制Ⅱ	42	48	61	74	84	87	87	87
区制Ⅲ	6	6	6	6	10	10	13	13
年份	2009	2010	2011	2012	2013	2014		
区制Ⅰ	52	45	32	19	6	3		
区制Ⅱ	42	48	61	74	84	87		
区制Ⅲ	6	6	6	6	10	10		

本章小结

利用面板数据阈效应回归模型对我国金融发展与经济增长的关联性问题进行了定量分析，建立一个包含不同区制的阈回归模型来估计检验区域金融发展与区域经济增长间的阈效应和阈值点，通过将地区经济增长速度作为因变量，地区金融增长速度作为自变量，并分别把地区金融发展水平和地区经济发展水平作为阈变量，检验地区金融发展速度对经济的实际增长速度是否具有阈值效应。

从中国各省市数据来看，由于经济发展水平不均导致的金融发展不均，在经济发展水平不同的地区，金融发展对经济增长的作用也不同。区域经济发展水平和金融资源富集程度确实影响了金融发展与经济增长之间的关系，在模型中体现为人均实际 GDP 和人均存贷款额作为阈变量均对金融发展与经济增长的关系存在双重阈效应；在经济发展水平高的地区，金融发展明显地促进了经济增长；在经济发展水平低的地区，金融发展阻碍了经济的增长；在经济发展水平中等的地区，金融发展对经济增长具有显著促进。经济发展水平低的地区，金融发展受到经济条件的限制，又反过来阻碍了投资资源的优化配置，从而阻碍了经济增长；随着金融发展水平的提高，金融发展对经济增长的阻碍作用得到改善，当一个地区的经济达到了中等经济水平时，金融发展对经济增长作用加强；当经济发展到一个比较高的水平时，金融机构作用的发挥不再受经济水平的制约，金融机构可以充分发挥在改善投资、降低风险等方面的作用，从而促进了整个经济的增长。从我国的实际情况来看，在中等经济水平地区和经济发达的地区，由于金融发展的促进作用，经济将会发展得更快；但是在经济落后的地区，由于金融发展的阻碍作用，经济发展更加缓慢，从而导致区域经济发展不平衡问题将会更加严重。

第五章 货币政策的区域效应与政策建议

由于区域金融发展水平是区域经济收敛的关键影响因素，因此政府可以通过宏观调控手段影响金融资源的区域配置，进而实现通过调控金融来促进经济均衡发展的目标。但是在地区层面上，其执行效果至少受到以下因素影响：第一，地区经济结构特征因素。不同产业、不同企业对货币信贷的需求弹性和吸引力不同，区域经济中产业、企业的结构差异将导致统一货币政策下各地的信贷投放不同；第二，地域金融特征因素。不同区域的现金漏损率和存款增长能力不同，统一的利率和存款准备金政策对不同区域的作用力大小相异，产生不同的效果；第三，国有商业银行在信贷资源配置中居于主导地位，其普遍实行"总行—分行"体制，分行信贷规模由总行统一管理分配，面对货币政策和盈利的双重压力，对不同地区会采取"有保有压"的措施，导致不同地区的信贷投放受到不同的影响；第四，地理空间效应，由托布勒（Tobler）提出的地理学第一定律可知，"地球上任何事务都与其他事务相关，且距离近事务间关系更大"，因此货币政策实施效果的地区差异必定与我国区域间的地理位置和空间关系有关。本章采用空间计量经济学方法，利用2004年1月～2013年12月我国大陆31个省区月度面板数据，分析2004年以来货币政策对各省信贷投放的不对称影响。与现有的研究相比，一方面本书的分析视角深入省际区域的角度，相比当前大部分研究简单地从东、中、西部划分经济区域进行分析更为详尽；另一方面本书从金融地理的视角出发，强调了地理空间效应在区域信贷投放中的作用，弥补了国内相关研究的不足。

第一节 统一货币政策下信贷投放的区域效应

一、理论框架

货币政策作为宏观调控的重要手段，以总量调节为主，所依据的传导过程为：中央银行→金融机构→经济实体部门→宏观经济。当前国内对货币政策区域效应的研究中，基本上是以货币供应量冲击对区域经济的影响为对象（曹永琴，2007；孔丹凤等，2007），并多以区域信贷投放量直接替代货币供应量。这些研究实质上将区域信贷投放等同于货币政策，忽视了货币政策从"中央银行→金融机构"的传导过程。本书认为，区域信贷投放是货币政策的结果而不能等同于货币政策本身。因此在本书的研究框架内，区域信贷投放将作为被解释变量，而将利率、存款准备金率等宏观货币政策和商业银行的反应等作为解释变量，以此分析央行统一的货币政策引起区域信贷投放的不对称效应。

利率政策作为价格手段是货币政策的重要内容，但国内相关研究中均认为我国利率调控的作用并不显著，并提出利率不宜作为当前我国货币政策调控目标。本书认为这些文献均以年度数据为基础，一方面数据序列较短，另一方面我国曾连续数年利率未做调整，因此数据信息量不足有可能影响研究结论，对此本书将利用 2004～2007 年底的月度数据进行实证检验。

国内多数研究认为，由于我国的信贷大部分投放给工业企业并更倾向于国有企业，因此国有企业占比高的地区，其信贷投放受到的冲击较小；但本书认为，在国有商业银行改革已经深化、其行为更多遵循市场规律的今天，商业银行在进行贷款项目评估的时候更为注重的是贷款风险与收益的权衡，在此背景下国有企业对商业银行是否依旧具有很强的吸引力，本书将进行验证。

存款准备金率作为重要的数量控制手段，是我国近年来使用频率最高的主要货币政策。在区域执行的层面上，不同区域的现金漏损率和存款增长能力不同，统一的存款准备金政策对不同区域的作用力大小相异，因此会产生不同的效果，存款增长能力强、贷存比低的地区，信贷投放受到的冲击会比较小。

另外从金融地理的视角来看，地理空间效应必定会影响区域信贷投放的执行效果。尽管传统的观点认为信息交流的速度削弱了空间作用，但是金融地理学的研究表明，地理因素仍然是金融发展的重要因素。如波蒂厄斯（Porteous。1995）指出，物理距离是金融交易的影响因素，物理距离近，则信息不对称性所造成的空间效应就小，风险就小；反之，物理距离远，信息不对称性就大，则风险就大。克拉克和沃伊齐克（Clark and Wojcik，2003）对德国的研究表明，不仅国家边界而且区域边界对市场透明度和有效性至关重要；易会满（2004）通过分析国内长三角地区经济发展的现状和金融资本流动的实际，提出了地区金融联动策略。因此有理由相信，货币政策实施效果的差异必定与我国区域间的地理位置和空间关系有关。

二、区域信贷投放的空间关联分析

（一）空间关联分析方法

空间关联分析作为空间关系的统计方法，能够准确测度地区经济观测值的空间分布形态和地区间的相互影响，核心思想是利用空间权重 W_{ij} 矩阵，以此把观测值间的地理位置作用进行数量化描述并验证其是否在空间分布上具有关联或随机关系，即某个地理单元的观测值与其邻居是否具有特定的聚集或扩散上的地理位置关系。本书将利用行政地区间是否接壤来判断二者是否相邻，因此这里 W_{ij} 矩阵是个 n 阶对称矩阵，元素仅有 0 和 1，W_{ij} 为 1 代表地区 i 与地区 j 地理接壤，W_{ij} 为 0 则表示不接壤。因此本书的空间权重 W_{ij} 矩阵具体形式为：

$$W_{ij} = \begin{pmatrix} 0 & w_{12} & \Lambda & w_{1n} \\ w_{21} & 0 & & M \\ M & & 0 & M \\ w_{n1} & \Lambda & \Lambda & 0 \end{pmatrix} \qquad (5-1)$$

在选取空间相关性指标方面，Moran's I 指数最常用于反映空间单元的相似度指标，且其被学者普遍认为是效果最好的指标，故本研究中也引入 Moran's I 指数。其具体的计算方法为：

$$I = \frac{n}{\sum\limits_{i=1}^{n}\sum\limits_{j=1}^{n} W_{ij}} \cdot \frac{\sum\limits_{i=1}^{n}\sum\limits_{j=1}^{n} W_{ij}(x_i - \bar{x})(x_j - \bar{x})}{\sum\limits_{i=1}^{n}(x_i - \bar{x})^2}, i \neq j \qquad (5-2)$$

根据研究需要，公式（5-2）中 n 代表大陆的 31 个省区市（限于数据可得性这里未包括中国香港、澳门、台湾地区），其中 x_i 代表地区 i 的金融机构年末贷款余额。Moran's I 指数值界于 $-1 \sim 1$ 之间，如果 Moran's I 指数大于零，则代表邻近区域存在正相关，且该值越高则正相关性越强；该值接近 0 则代表呈随机分布无相关性；若该值为负，则代表了负相关关系。

（二）区域信贷供给的空间相关分析

利用各地区金融机构年末贷款余额作为信贷资源供给指标，采用我国大陆 31 个省级行政区域 1987、1997、2007 年的统计数据，使用 Geo-Da0.95i 软件，Moran's I 指数计算结果及其检验如表5－1所示。

表5－1   我国区域信贷投放自相关系数（Moran's I）值及其检验

指标值	1987 年	1997 年	2007 年
Moran's I 指数	0.0798	0.1180	0.3033
P 值	0.1350	0.0740	0.0040

表5－1中区域信贷投放的空间自相关系数 Moran's I 均大于 0，表明我国的 31 个省级行政区之间，以金融机构贷款余额为代表的区域信贷投放在空间分布上具有一定的正自相关关系和空间依赖性；并且随着时间推移，Moran's I 指标值上升，统计检验显著性增强，这代表我国地区信贷资源配置呈正相关且地理关联性逐步增加。

第二节   统一货币政策下信贷投放区域效应的面板空间计量分析

一、模型的设计、变量说明及数据来源

国内现有的实证研究，多采用非约束性向量自回归（VAR）模型，但 VAR 模型过多地强调了模型与数据相吻合，而忽视了与经济理论的一致，同时从计量角度看，由于 VAR 系统中的不同变量间通常是彼此相关的，因此 VAR 模型各方程的残差间也通常是相关的，于是建立在这一模型基础上的脉冲响应函数和方差分解的结果通常都是有偏失的，不能真正反映出变量对残差波动的响应情况。本研究采用了平行数据计量分析对统一货币政策的区域不对称性效应进行验证，其优势在于：第一，明显扩大了样本的容量，提供了更多信息和自由度，能够有效地减少解释变量出现多重共线性的可能性；第二，能够更好地解决计量模型中忽略变量与解释变量的相关性，从而使得参数估计结果更为可信；第三，能够控制个体的异质性，能够很好地控制住各区域自身的固有差异，在此基础上进一步对比政策层面影响的差异。

上节已由 Moran's I 指数表明，我国区域信贷投放在空间分布上具有正自相关关系和空间依赖性，因此可以将空间延迟变量加入方程，利用空间

面板回归模型进行空间效应的计量检验，模型如下：

$$Y_{it} = \alpha_i + \beta_i I_{it} + \gamma R_{it} + \delta_i D_{it} + \rho_i W y_{it} + \eta_i S_{it} + u_{it} \quad i = 1, 2, \cdots, 31; t$$
$$= 1, 2, \cdots, 48 \tag{5-3}$$

公式（5-3）中 Y 为某一地区本月的人民币贷款余额；I、R 各自表示贷款利率和存款准备金率[①]；D 为某一地区本月的存款余额；公式（5-3）与传统回归方程的区别在于，公式（5-3）将相邻区域贷款余额的均值作为自变量（Wy）引入方程，即空间滞后因子，若 Wy 的系数能够通过显著性检验，则表明控制住相关影响因素后，相邻区域对当地具有影响作用，说明存在着地理空间效应；S 是地区国有企业产值占工业总产值的比重，代表区域经济结构因素；误差项为 u。全部数据采用国内 31 个省市 2004~2007 年的月度数据，来自中宏网数据库，同时以上数据在方程中全部采用自然对数形式，以减少异方差和自相关等因素干扰。

首先需要检验变量向量是否存在单位根，若存在单位根还要进行协整检验，以验证变量间是否存在长期的均衡关系。面板数据的单位根和协整理论是对时间序列的单位根和协整理论研究的继续和发展，它综合了时间序列和横截面的特性，通过加入横截面能够更加直接、更加精确地推断单位根和协整的存在，更有应用价值。面板数据单位根的检验主要有 LLC 检验方法、IPS 检验方法、MW 检验方法等（见表 5-2），在将空间因素内生化以后，由于本书所使用的数据属于独立的异质面板类型，因此本书采用 IPS 异质面板检验。

表 5-2　　　　　　　　面板单位根检验的主要估计方法

估计方法	面板数据结构	检验	原创文献
POLS	独立的同质面板	*LLC* 检验	Levin 等（1992）
OLS	独立的异质面板	*IPS* 检验	Im 等（1995）
FGLS	同期相关面板	*SUR - DF* 检验	Abuaf 等（1990）
IV - OLS	相关面板	S_N 检验	Chang（2002）

其中，IPS 方法将先对平行资料的每个截面单独检验单位根是否存在，然后根据综合每个序列的验证结果，构造一个 W 统计量来验证整个

---

① 若政策调整在当月 15 日之前，则认为变动发生在当月；否则认为变动发生在下月。

平行序列的单位根是否存在，本书利用 EViews 6.0 软件检验结果如表 5 - 3 所示。

表 5 - 3　　　　　　　　　　　面板数据单位根检验结果

	变量	说明	IPS 检验 W 值	P 值	是否平稳
因变量	Ln（$loan_{it}$）	人民币贷款当月余额（对数值）	11.5459	1.0000	否
	ΔLn（$loan_{it}$）	Ln（$loan_{it}$）的一阶差分	−23.9327	0.0000	是
	$lloan_{it}$	中长期贷款当月同比增长速度	−5.35353	0.0000	是
自变量	ln（wgh_{it}）	空间延迟项（对数值）	12.9776	1.0000	否
	Δln（wgh_{it}）	ln（wgh_{it}）的一阶差分	−19.4915	0.0000	是
	ln（dep_{it}）	人民币存款当月余额（对数值）	4.38723	1.0000	否
	Δln（dep_{it}）	ln（dep_{it}）的一阶差分	−21.6462	0.0000	是
控制变量	ln（$strate$）	国有企业产值占工业总产值比例（年度数据）	1.60538	0.9458	否
	Δln（$strate$）	ln（$strate$）的一阶差分	−33.6028	0.0000	是
	ln（int）	一年期贷款基准利率	20.6011	1.0000	否
	Δln（int）	ln（int）的一阶差分	−33.1490	0.0000	是
	ln（res）	存款准备金率	30.9366	1.0000	否
	Δln（res）	ln（res）的一阶差分	−941121	0.0000	是

由表 5 - 3 可以看出，除中长期贷款当月同比增长速度（$lloan$）外，其余序列均存在至少一个单位根，对上述序列进行一阶差分后均显示为无单位根，并通过了 1% 的显著性水平检验，这表明 $lloan$ 为平稳序列，其余变量均为一阶单整 I（1），在此基础上可以继续判断变量间是否存在协整关系。面板协整检验属于当前国际相关研究的前沿和热门领域，本书利用佩德罗尼（Pedroni）的 7 个统计量（Pedroni，1999，2001）、卡奥（Kao）检验的 ADF 统计量（Kao，1999），和约翰森（Johansen）统计量（Maddala and Wu，1999）对变量间的协整关系进行验证，具体检验原理和方法可参考相关文献，检验结果如表 5 - 4 所示。

检验方法	统计量	统计量值	P 值
Pedroni (Engle – Granger based)	Panel v – Statistic	– 3. 295237	0. 0017
	Panel rho – Statistic	2. 393361	0. 0228
	Panel PP – Statistic	– 2. 879728	0. 0063
	Panel ADF – Statistic	– 5. 275953	0. 0000
	Group rho – Statistic	4. 465873	0. 0000
	Group PP – Statistic	– 0. 783383	0. 2935
	Group ADF – Statistic	– 1. 837688	0. 0737
Fisher (Combined Johansen)	None	572. 0000	0. 0000
	At most 1	213. 3000	0. 0000
	At most 2	97. 1900	0. 0029
	At most 3	43. 8300	0. 9611
	At most 4	19. 1100	1. 0000
	At most 5	39. 9000	0. 9869
Kao (Engle – Granger based)	ADF t – Statistic	– 4. 651514	0. 0000

表5 – 4 面板数据协整检验结果①

由表 5 – 4 的检验结果可以发现，所有的检验一致证明了地区信贷资源总量与区域经济结构、货币政策、地理空间因素等数据序列间有着长期的稳定的均衡的关系。由于系列检验获得的结果均基本一致，表明该结论具有较高的可靠性。接下来本研究将进一步测算各种经济因素对地区信贷资源配置的作用大小，进而揭示统一货币政策下地区信贷资源配置的区域效果。

二、计量模型的参数估计

本书的数据资料特点是，有 31 个截面，但却有 48 期的时间序列；利率和存款准备金率作为共同事件会对各个横截面产生类似的影响，因此可能会出现同期相关性，基于此，本书使用似无相关回归技术对经济计量模型的参数进行估计。似无相关回归技术照顾了回归方程可能存在 $E(\varepsilon_{it}\varepsilon_{jt}) = \sigma_{ij}$ 残差相关，计算过程使用 GLS 技术方法，其具体过程如下：

首先利用普通最小二乘法对各方程进行回归估计求出来残差（u_{it}）。把方程（5 – 3）改写为通式 $y = \alpha + X\beta + u$，利用 OLS 方法对参数 α 和 β 进行估计：

---

① 本表是使用对数化的数据进行检验，各截面检验结果与总体结果一致，篇幅所限不能一一列出。

$$\hat{\beta} = \left[\sum_{i=1}^{N} \sum_{t=1}^{T} (x_{it} - \bar{x}_i)'(x_{it} - \bar{x}_i) \right]^{-1} \left[\sum_{i=1}^{N} \sum_{t=1}^{T} (x_{it} - \bar{x}_i)'(y_{it} - \bar{y}_i) \right]$$

$$(5-4)$$

$$\hat{\alpha}_i = \bar{y}_i - \hat{\beta}\bar{x}_i \qquad (5-5)$$

其次使用残差估计方差和协方差 (σ_{ij})，σ_{ij} 的估计值 s_{ij} 的估计方法为：

$$s_{ij} = \frac{\left[(y_i - \hat{\alpha}_i - x_i\hat{\beta})'(y_j - \hat{\alpha}_j - x_j\hat{\beta}) \right]}{T} \qquad (5-6)$$

其协方差矩阵的估计式为：

$$\hat{\sum}_N = \begin{bmatrix} s_{11} & s_{12} & \cdots & s_{1N} \\ s_{21} & s_{22} & \cdots & s_{2N} \\ \vdots & \vdots & \ddots & \vdots \\ s_{N1} & s_{N2} & \cdots & s_{NN} \end{bmatrix} \qquad (5-7)$$

最后使用已经得到的方程系数估计量计算全部参数 FGLS 估计值：

$$\hat{\beta}_{SUR} = \left[(x_{it} - \bar{x}_i)'(\hat{\sum} \otimes I_T)^{-1}(x_{it} - \bar{x}_i) \right]^{-1}$$

$$\times \left[(x_{it} - \bar{x}_i)'(\hat{\sum} \otimes I_T)^{-1}(y_{it} - \bar{y}_i) \right] \qquad (5-8)$$

利用似无相关回归方法，构建了平行数据方程，分析研究了统一货币政策下区域信贷资源的配置效果，同时对引入空间滞后因子前后的方程估计结果进行比较分析，以揭示地理空间效应，估计结果参见表 5-5。

表 5-5　　　　统一货币政策下信贷资源配置的区域效应①

地区	引入空间滞后因子前				引入空间滞后因子后				
	ln (int (-6))②	ln (res)	Δln (dep)	ln ($strate$)	ln ($int(-6)$)	ln (res)	Δln (wgh_{it})	Δln (dep)	ln ($strate$)
北京	0.10	-0.03	0.22 ***	-0.07 ***	0.09	-0.02	0.15 *	0.22 ***	-0.06 **
天津	-0.10	0.01	0.46 ***	0.03 **	-0.10	0.01	0.39 ***	0.34 ***	0.03 **
河北	-0.05	0.02	0.35 ***	-0.01	-0.03	0.01	0.93 ***	-0.06	0.00
山西	-0.05	0.02	0.44 ***	0.00	-0.05	0.02	0.67 ***	0.25 ***	0.00
内蒙古	-0.05	-0.02	0.31 ***	-0.06 ***	0.02	-0.03	0.43 ***	0.22 ***	-0.05 ***
辽宁	-0.15	0.03	0.87 ***	-0.09 ***	-0.12	0.05 *	1.2 ***	0.4 ***	0.01

地区	引入空间滞后因子前				引入空间滞后因子后				
	ln $(int$ $(-6))$②	ln (res)	Δln (dep)	ln $(strate)$	ln $(int(-6))$	ln (res)	Δln (wgh_{it})	Δln (dep)	ln $(strate)$
吉林	− 0. 17	0. 05	0. 37 ***	− 0. 01	− 0. 06	0. 02	0. 91 ***	0. 28 ***	0. 01
黑龙江	− 0. 03	0. 02	0. 23 *	− 0. 01	0. 12	− 0. 02	1. 13 ***	− 0. 04	− 0. 03 *
上海	− 0. 02	0. 01	0. 2 ***	0. 00	− 0. 02	0. 01	0. 41 ***	0. 16 ***	0. 03
江苏	0. 09	− 0. 03	0. 55 ***	0. 03 ***	0. 09 *	− 0. 03 *	1. 24 ***	0. 2 ***	0. 01
浙江	0. 00	− 0. 04 ***	0. 31 ***	− 0. 19 ***	0. 01	− 0. 03 ***	0. 7 ***	0. 08 ***	− 0. 1 ***
安徽	− 0. 02	0. 01	0. 25 ***	0. 00	− 0. 06	0. 02 *	0. 81 ***	0. 02	0. 01
福建	− 0. 13	− 0. 01	0. 13 ***	− 0. 12 ***	− 0. 11	0. 00	0. 76 ***	0. 02	− 0. 07 ***
江西	− 0. 03	0. 02	0. 32 ***	0. 01	− 0. 1 *	0. 03 *	0. 96 ***	0. 04	0. 00
山东	− 0. 08 *	0. 00	0. 45 ***	− 0. 06 ***	− 0. 05	0. 00	0. 58 ***	0. 2 ***	− 0. 02
河南	− 0. 09	0. 02	0. 51 ***	− 0. 02 **	− 0. 04	0. 01	0. 78 ***	0. 27 ***	− 0. 01
湖北	− 0. 02	0. 01	0. 47 ***	0. 00	− 0. 02	0. 01	0. 94 ***	0. 2 ***	0. 00
湖南	− 0. 11	0. 02	0. 2 ***	− 0. 1 ***	− 0. 14 **	0. 03 *	0. 94 ***	0. 02	− 0. 06 ***
广东	0. 1 *	− 0. 02	0. 19 **	0. 00	0. 11 **	− 0. 02	0. 54 ***	0. 21 ***	0. 00
广西	− 0. 09	0. 02	0. 47 ***	0. 00	− 0. 13 ***	0. 04 ***	1. 07 ***	0. 34 ***	0. 02
海南	0. 01	0. 01	0. 19 ***	0. 03 **	− 0. 04	0. 02	0. 44 ***	0. 14 **	0. 03 *
重庆	0. 07	− 0. 02	0. 89 ***	0. 00	0. 08 *	− 0. 02	0. 69 ***	0. 6 ***	− 0. 02 **
四川	0. 03	− 0. 01	0. 5 ***	0. 03 **	0. 01	0. 00	0. 79 ***	0. 06	0. 00
贵州	0. 00	0. 00	0. 57 ***	0. 02	− 0. 01	0. 00	0. 66 ***	0. 52 ***	0. 01
云南	0. 02	− 0. 01	0. 34 ***	0. 01	0. 00	− 0. 01	0. 86 ***	0. 13 **	0. 02 *
西藏	0. 27	− 0. 09	0. 17 *	0. 01	0. 26	− 0. 09	0. 23	0. 07	0. 02
陕西	0. 12	− 0. 03	0. 54 ***	− 0. 01 **	0. 10	− 0. 03	1. 1 ***	0. 04	− 0. 01
甘肃	− 0. 05	0. 01	0. 4 ***	0. 02 *	− 0. 08	0. 02	0. 76 ***	0. 22 ***	0. 02 *
青海	− 0. 13	0. 07 ***	0. 1 ***	0. 04 *	− 0. 14 **	0. 06 ***	0. 75 ***	0. 03	0. 05 **
宁夏	− 0. 07	− 0. 02	0. 43 ***	− 0. 08 ***	− 0. 05	0. 00	0. 7 ***	0. 3 ***	− 0. 03 **
新疆	− 0. 10	0. 04	0. 47 ***	0. 03	− 0. 12	0. 04	0. 5 ***	0. 46 ***	0. 05 *

R – squared = 0. 7075	R – squared = 0. 9221
Mean dependent var = 0. 1470	Mean dependent var = 0. 8494
Adjusted R – squared = 0. 6683. D. dependent var = 1. 8899	Adjusted R – squared = 0. 9091
	S. D. dependent var = 4. 7333
S. E. of regression = 1. 0374	S. E. of regression = 1. 0493
Sum squared (resid) = 1234. 358	Sum squared resid = 1228. 757
F – statistic = 18. 0187	F – statistic = 71. 3719
Durbin – Watson stat = 2. 1206	Durbin – Watson stat = 2. 1515
Prob (F – statistic) = 0. 0000	Prob (F – statistic) = 0. 0000

注:(1)这里的 *** 、 ** 、 * 代表在1% 、5% 、10% 的统计检验水平中拒绝了估计系数为零的原假设。(2)本研究相关成果已经发表于《金融论坛》,2009 年第 6 期,第 42 ~ 47 页。(3)利用 AIC 准则确定利率对区域信贷投放影响为滞后期为 6 个月。

三、对计算结果的分析说明

（一）空间因素对区域信贷投放具有显著的重要影响

在表5-5中，与传统平行数据方程的不同之处在于，引入空间延迟变量后空间回归方程的拟合优度由0.7075升至0.9221，并且发现引入空间延迟变量后，原模型中的一些并不显著的估计系数通过了显著性检验，可见空间延迟模型更具解释力[①]；从空间延迟变量估计系数来看，仅在西藏地区未通过显著性检验和在北京地区通过了显著性水平为10%的统计检验，在国内其余区域全部通过了1%显著性水平的统计检验，充分证明了地理空间作用在地区信贷资源配置中的重要影响。空间延迟变量系数全部大于零、均值为0.74，表明某地区周围区域的信贷增长每上升1%，将使得该地区信贷增速提升0.74%，这远远高过了其他经济因素的作用力，可见空间地理分布效果对地区信贷资源配置影响重大。初步分析认为，由于商业银行的趋利行为和规避风险行为，其在信贷管理中，对地理邻近区域的审批权限和信贷规模管控程度相当；此外在内部银团和商业票据等业务方面，多习惯与相邻地区联合开展以减少信息不对称并有效控制风险，所以各地的信贷资源配置呈现出地区聚集和空间依赖性。

根据表5-5的数据绘图如图5-1所示，发现不同地区的空间延迟变量作用大小的差异显著，北京、西藏、天津等受地理因素影响最小，其空间延迟变量系数为0.15、0.23和0.39，而福建、江苏、广东等受地理因素影响最大，其空间延迟变量的系数分别为1.13、1.20和1.24，北京和广东的系数值相差达7倍多。对引入空间延迟变量之前、之后的方程系数进行对比，发现引入空间延迟变量改变了方程的估计系数，并且空间延迟变量影响越大，则其估计系数的变化就越大，这表明在对统一货币政策地区效应计量分析研究中，如果不考虑地理因素作用将会出现统计上的偏差。

（二）区域存款增长对我国区域信贷投放具有显著的促进作用

根据表5-5，区域存款变量的方程回归系数中，仅河北、福建小于0，但未通过显著性检验；而其他省区存款变量的系数均大于0并且多数都通过了1%显著性水平的检验，因此可以确定，区域存款增长对我国的区域信贷投放具有重要和显著的促进作用。由图5-2发现，区域存款的增长对信贷投放的促进作用也存在明显的地区差异，在存款促进作用最小

---

① 因此本书后续的分析均建立在含有空间滞后因子的回归方程结果基础上。

图 5-1　区域贷款投放的空间延迟效应

注：(1)"*""**""***"分别表示回归结果的显著性水平为"0.1""0.5""0.01"。(2)图中自下而上两条虚线分别等于第25%和75%个分位数的值。

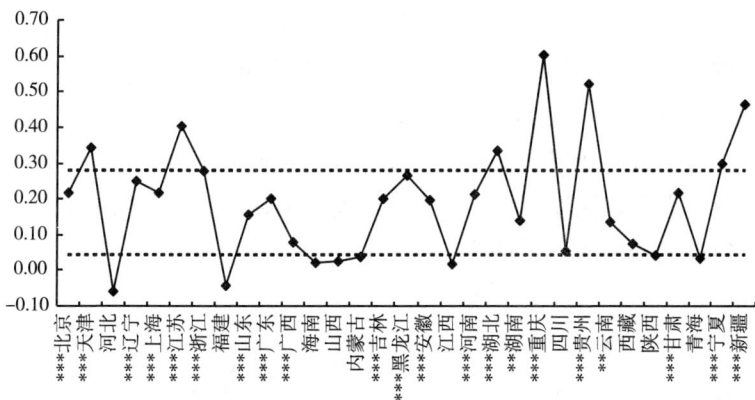

图 5-2　区域存款增长对区域信贷投放的影响

注：(1)"*""**""***"分别表示回归结果的显著性水平为"0.1""0.5""0.01"。(2)图中自下而上两条虚线分别等于第25%和75%个分位数的值。

的江西、海南、山西三省，区域存款增速每增加1%，区域贷款增速仅增加0.019%、0.024%和0.025%，而在存款促进作用最大的新疆、贵州、重庆三省份，区域存款增速每增加1%，区域贷款增速将分别增加0.464%、0.520%和0.600%，最高相差达30倍。本书认为，区域存款变量的方程回归系数可以反映一个地区将存款转化为贷款的能力，各地区存款对促进贷款投放的不对称效应一方面取决于当地存款余额和增速，另一方面由于目前大多数商业银行均实行一级法人制度，由总行在全国范围内统一调配资金，对不同的区域实行"有保有压"的政策，也会导致在当地吸收的资金并不一定在本地区使用。

（三）国有企业产值比重对区域信贷投放具有一定程度的负面影响

国内多数研究认为，由于占存贷款份额绝对比例的四大国有商业银行与国有企业的历史关系十分密切，信贷投放更倾向于国有企业。但根据表5-5的面板数据方程回归结果，国有企业比重对区域信贷投放的影响系数平均值为-0.005，系数值很小而且也并不够显著，由此可以说，2004年以来国有企业对商业银行的信贷吸引力已经下降，甚至出现负面效应。

本书认为，股份制改造后国有商业银行的行为更多遵循市场规律，在进行贷款项目评估的时候更为注重的是贷款风险与收益的权衡，在此背景下国有企业对商业银行的吸引力并不突出。另外在商业银行内部的考核中，对于不良贷款比率高的分支行，在开展信贷业务中会受到更为严格的准入限制乃至"信贷停牌"的惩罚，而国有企业比重高的地区往往各种因素导致的不良贷款率也相对较高，从这个角度来看，国有企业在区域经济中的占比增加反而对区域信贷投放具有负面效应。当然，各地国有企业比重对区域信贷投放的影响力也各不相同，但差异很小（在-0.10~0.05之间），其中国有企业比重对信贷投放具有正面效应且系数通过显著性水平检验的有青海、新疆、天津、甘肃、云南五省份，而在广西、山西、江西、北京、上海、福建、宁夏、重庆等地，国有企业比重的增加并不利于区域信贷投放的增加（见图5-3）。

图5-3　国有企业产值比重对区域信贷投放的影响

（四）提高存贷款利率和存款准备金率对区域信贷投放的影响并不明显

利率对区域信贷投放并不是实时的，大部分利用年度数据的研究结果发现其滞后影响为1年（常海滨，徐成贤，2007），本研究综合使用 R^2 和AIC准则方法认为利率影响的滞后时间为半年。贷款利率每增加一个百分点将使得地区信贷投放变动 -0.14~0.26 个百分点, 参见图 5-4 所示, 并且在多数地区为负面影响, 这说明利率手段能够抑制贷款需求具有效果, 但从统计显著性检验来看, 仅在江西、湖北、河南等几个省市系数显著, 因此对利率如何影响我国区域信贷投放的区域效果需要进一步考察。

图 5-4 利率对区域信贷投放的不对称效应

注: (1) "＊""＊＊""＊＊＊"分别表示回归结果的显著性水平为"0.1""0.5""0.01"。(2) 图中自下而上两条虚线分别等于第 25% 和 75% 个分位数的值。

存款准备金率对区域信贷投放的影响远远小于地理空间和利率因素。变量估计系数分析可知, 提高存款准备金率对国内 20 个地区信贷投放影响大于零, 如图 5-5 所示, 特别是在湖北、江苏等省尤为明显。因此存款准备金率作为货币数量手段, 其应用并未产生收缩信贷的预期效果, 本书接下来将对此做进一步分析。

图 5-5 存款准备金率对区域信贷投放的不对称效应

注: (1) "＊""＊＊""＊＊＊"分别表示回归结果的显著性水平为"0.1""0.5""0.01"。(2) 图中自下而上两条虚线分别等于第 25% 和 75% 个分位数的值。

四、存贷款利率和存款准备金率对中长期贷款投放的区域效果

在 2004～2013 年的货币从紧中，各地的中长期贷款迅速增加，全国金融机构的中长期贷款与短期贷款由 2004 年初 0.89：1 提高到 1.17：1，故本书对货币从紧情况下中长期贷款增长进行进一步的分析。本书利用区域中长期贷款同比增长率（lloan）变量作为因变量，使用一年期贷款利率并滞后半年（$i_{(-6)}$）作为自变量，并将存款准备金率（res）作为宏观控制变量，前文已经检验证明了区域中长期信贷增速（lloan）无单位根，本研究继续采用似无相关估计技术，采用广义最小二乘方法估计，其具体结果如表 5-6 所示。

表 5-6　　　　　　　　货币紧缩情况下中长期信贷投放区域效果[①]

地区	$i_{(-6)}$	res	地区	$i_{(-6)}$	res	地区	$i_{(-6)}$	res
北京	-4.47	1.32	内蒙古	-48.27 ***	8.54 ***	陕西	0.21	1.84 **
天津	4.78	0.26	吉林	-8.3 ***	1.07 **	甘肃	-12.84 ***	4.38 ***
河北	10.51	0.98	黑龙江	-5.08	1.97 ***	青海	3.7	-0.57
辽宁	-18.09 ***	3.01 ***	安徽省	1.24	1.36 ***	宁夏	-9.95 ***	3.74 ***
上海	-8.54 ***	1.29 ***	江西	-11.35 ***	3.76 ***	新疆	1.59	2.47 ***
江苏	-4.41 ***	1.26 ***	河南	-6.21 ***	2.48 ***	R-squared		0.992
浙江	4.11	0.32	湖北	-28.32 ***	4.84 ***	Adjusted R-squared		0.992
福建	-8.33 ***	2.85 ***	湖南	-8.37 ***	-0.05	S. E. of regression		1.038
山东	-32.91 ***	3.53 ***	重庆	-11.79 ***	4.72 ***	F-statistic		1683
广东	-42.3 ***	8.28 ***	四川	-3.28	3.32 ***	Prob（F-statistic）		0.000
广西	-40.19 ***	6.35 ***	贵州	-12.26 ***	3.14 ***	Mean dependent var		4.664
海南	-7.87	1.41	云南	-6.49 ***	0.7	S. D. dependent var		17.4
山西	5.88	1.43	西藏	-37.85 ***	8.61 ***	Durbin-Watson stat		1.955

表 5-6 的分析结果说明：

1. 利率提高将显著抑制中长期信贷投放。

根据方程变量估计系数发现，仅在河北、天津、山西等少数省区系数大于零，但在统计上均不显著。可以发现，利率手段能够有效控制中长期贷款投放，在其他因素相同的条件下，贷款利率每增加 1 个百分点，各区域的中长期信贷增速（半年后）将会出现 3.28～48.27 个百分点的下降幅度，并且方程系数在绝大多数地区都通过 1% 显著性水平的统计检验，这

---

① 本研究成果已经发表于《经济经纬》，2009 年第 8 期，第 63-68 页。

充分说明利率手段对中长期贷款发放的抑制效果显著，作用效果强烈，其中内蒙古、广东、广西对利率的调整最为敏感（见图5－6）。

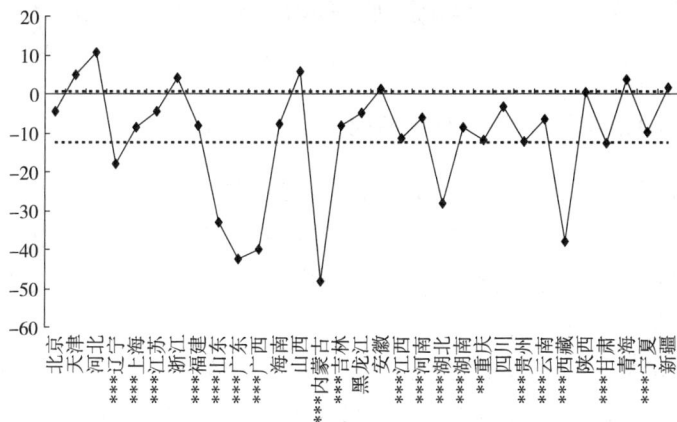

图5－6　利率对中长期贷款投放的区域影响

2. 提高存款准备金率会增加中长期贷款投放。

方程中存款准备金率系数除了在青海、湖南小于0，在绝大多数地区为正，可知提高存款准备金率在大多数地区实际上促进了中长期贷款的投放，根据方程回归系数可知，在其他经济条件都相同的情况下，每增加存款准备金率1个百分点，我国各省市的中长期贷款投放将提高0.26～8.61个百分点，并且在绝大多数地区都在1%显著性水平下通过统计检验，这深刻说明了存款准备金率对于增加中长期贷款投放具有显著效果。本研究认为，提高存款准备金率会使银行可用资金受到限制，在追逐盈利的压力下，各商业银行更愿意将有限的资源投向大企业和中长期信贷需求，以获取更高的收益率，所以提高准备金率反而使得中长期信贷投放增加，与调控政策的初衷相悖（见图5－7）。

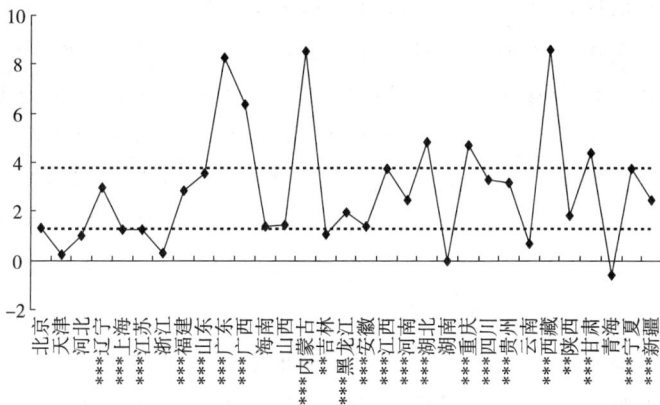

图5－7　存款准备金率对中长期贷款投放的区域影响

第三节　区域金融发展非均衡的原因与对策分析

一、区域金融发展非均衡的原因

（一）我国地区间存在金融风险和收益的梯度差异

东部作为改革开放最早的地区和受益者，经济发展基础较好，市场发育程度较高，能够承受金融创新的成本，因此金融创新工具不断出现，市场化的企业和金融机构经营管理水平和效率较高，已经形成了一定的规模优势和成本优势，东部地区金融机构的经营效益和金融产品的收益较好。而我国中西部地区经济发展水平、经济市场化程度和支付融资成本的能力都相对较弱，企业产权改革滞后、经营决策受到地方政府干预较多，银行信贷经营同样受到当地政府的影响，国有企业成为金融机构竞相追逐的对象，许多中小企业和居民被排除在信贷投放对象之外，金融资源只能产生较低的利用效率和经营收益，致使中西部地区的商业银行效益相对较差，贷款风险大，因此缺乏对扩大信贷投放的激励，而宁愿将资金上存总行，这样一来中西部地区的存款等金融资源为了追逐更高的回报收益，通过资金上存等渠道从中西部转移到了东部，陷入恶性循环。

（二）全国统一的金融政策不适应地区发展的多元化

国内宏观调控强调金融政策的统一性和权威性，金融调控未能针对地区经济特征而适度差别，其基本前提建立在各地金融运行一体化基础上。但从目前国内地区金融特征看，东部发达区域的金融中市场调节功能作用较为突出，区域社会经济形态基本为开放型、创新型和进取型；中西部区域则在国有企业占主导的情况下，市场作用发挥不充分，地区经济社会突出特征为封闭型、保守型。同时区域融资渠道也存在较大的差异，东部地区多元化融资渠道显著，中西部融资渠道则较为狭窄，主要依靠国有商业银行的信贷投入。因此统一货币政策在东中西部地区将会产生差异化的效应。例如，当货币政策紧缩时，东部有更多的"选择"余地，资金紧缩不会立即对企业产生过度的资金短缺，对紧缩性货币政策的反应"时滞"较长，此时国有商业银行往往首当其冲压缩在中西部地区的贷款，使中西部地区经济立刻降温。当实施扩张性货币政策时，东部地区经济往往率先"启动"。这种金融政策造成了现实政策不公平，造成"抽瘦补肥"局面的出现，等同于对中西部不发达地区的政策歧视。

（三）金融机构的区域布局差异

货币政策对实体经济领域的冲击必须通过金融组织机构来进行，特别是当前信贷渠道仍然是我国货币政策传导的主要渠道，中央银行的货币政策意图能否及时有效地通过信贷渠道传导到实体经济之中，首先要看有没有足够数量和合理结构的商业银行等信贷服务机构的存在，它的布局直接关系到货币政策传导效应。无论是一级法人金融机构的数量，还是金融机构分支数量，我国东部和中西部地区存在较大的差异。东部地区不仅是四大国有商业银行的总行所在地，而且是全国性股份制商业银行总行所在地，国有商业银行、全国性股份制商业银行、外资银行的分支机构数量也要多于中西部地区，而且中西部地区银行业金融机构数量还有下降趋势。2013年中西部地区银行业金融机构所占比例分别为24%和27%，2014年分别下降到22%和26%。

（四）微观金融主体对金融市场化差异的反应不同

目前，在各地区的金融框架中，既有国有大型银行，也有地方性银行，还有全国性股份制商业银行、外资银行的分支机构。在追求经济效益和利润最大化的压力下，股份制银行和外资银行的经济理性决定了其向东部地区积聚的态势，虽然国有商业银行占据主导，但其在活跃竞争力冲击下不得不采取更为灵活的竞争机制，同时在金融发展先发优势和极化效应下，东部区域外的资金向这里加速注入。中西部地区国有商业银行占支配地位，金融市场化程度低，金融组织结构单一和支持对象以国有企业为主，使得大量民营和中小企业得不到重视。在商业银行的垂直管理和独立经营体制下，由于对上级主管部门和当地政府负责的双向负责制，缺乏对区域金融进行综合协调与管理，导致各银行在信贷规模和投向方面都受到上级的严格管控，致使中西部金融机构发展和资金融通受限，进而对区域经济发展带来负面影响。

（五）纵向条块分割的金融资源配置模式

国内金融资源的配置并非按照贡献和效率进行，而是按类似于财政分配式的资金供给制度进行的。中央政府主导的金融改革导致了中国金融资源的纵向分割，商业银行普遍实行分理处—支行—二级分行—一级分行—总行这种链条式的资金上存模式，一般由商业银行总行对本商业银行系统内资金进行管理，是一种由商业银行总行进行资金划拨的纵向资金管理体制。当中央银行实施紧缩性货币政策调控时，基层银行宁愿将资金上存总行获取稳定的利息，而各商业银行总行一般将中西部地区分行资金通过各种途径转投向东部地区以获取更高的收益。紧缩货币政策使中西部地区商业银行通过消极办法应对中央银行紧缩政策，与中央银行预期发生偏离，而东部地区由于有中西部地区资金注入，资金反而比较宽松。

（六）区域金融生态环境发展差异

与东部地区相比，中西部地区企业和个人逃废债务行为至今时有发生，社会担保体系建设不完善，金融依法维权较难，社会公众甚至机构投资者的信用信息得不到有效归集和准确评估，失信惩罚机制尚未有效建立，区域金融机构不良贷款比例居高不下。在强调风险防范的情况下，商业银行总行往往不加区别地对不发达地区企业的贷款需求一概回绝，通过惜贷和慎贷，消极地回避风险，在此情况下，不该发放的贷款的确不贷或者很少贷款了，但该发放的贷款却也未能贷出去，使中西部地区正常的资金需求得不到满足。

二、促进区域金融与经济协调发展的途径

（一）提升区域经济发展水平，为金融发展提供空间

经济与金融辅车相依，经济增长速度与质量决定了金融发展的根基和空间，要吸引金融部门的支持和资金流入，必须要有高成长的经济空间和合理的产业结构，特别是市场经济体制下商业银行尤为注重经营效益和风险防范的统一，中西部以资源开发、传统加工、农业等基础性产业为主的经济增长模式，本身就具有投资规模大、经济效益较低、投资周期长等问题，必须改变传统的经济增长方式，才有可能吸引更多的金融资源。

（二）"差别化"货币政策和调控补偿

中央政府在实施宏观调控和货币政策时应该考虑区域层面差异性，加强建立区域性货币调控供给体系，赋予区域分行在再贷款和再贴现等方面更大的自主权和灵活性。货币政策更大程度上是一种总量性的政策，其目标在于提供稳定的发展预期环境，当然也不能一味地用货币政策的简单、被动的区域化去适应区域差异，应该逐渐通过财政政策来解决区域性、结构性问题；同时，由于区域经济结构、产业结构的差异，统一的货币政策调控有时会使某些地区利益受损，对此中央政府应该尝试建立货币政策调控的补偿机制，以使国家各项政策更具可行性，让大多数地区能够承受并愿意积极配合，从而提高货币政策调控效果。

（三）促进从"行政区金融"向"经济区金融"的转变

金融改革与发展是政府由"过度介入"到"适度介入"的过程，因此这一过程必然伴随着政府的"适当退出"。但中国金融体制改革中的政府退出并不顺利，其突出特征是中央政府逐步退出和地方政府逐步介入。中央政府在退出后仍然追求对经济运行的控制权，地方政府在部分拥有控制权的情况下力图反控制。根据我国区域经济发展对金融业的需求，在当前我国金融市场发展水平参差不齐的现状，需要构建统一开放、规范运行的区域性金融市场。结合金融改革与发展的实际情况，我国应打破行政区域的划分，在区域经济合作的基础上大力推进金融一体化，通过联合相关、相近区域金融市场开放，在区域性统一金融市场条件下促进区域金融组织健康发展，促进全国性的统一的金融大市场早日形成。要进一步完善金融组织体系，构建统一的区域金融市场和金融服务网络，以发挥金融机构筹融资作用，推动经济结构调整，改善金融服务，提高资金使用效益，积极而有效地支持区域经济的发展。国家应当实行金融机构设置条件的差别化出来，适当降低中西部金融机构在资本金、营运规模等方面的准入要求，积极引进股份制银行和外资银行到中西部中心城市和重点城市建网布点，同时引进新兴商业银行先进经验和经营模式，在引进资金的同时充分发挥其"鲶鱼效应"，并加强地方性金融机构的规范发展，提高金融效率与金融网点密度。

（四）完善区域金融生态系统的自我调节功能

一是积极促进融资渠道的多元化，积极发展财务、保险、信托、银行、租赁和证券等各类金融机构，建立健全种类丰富、功能互补的融资体系，并为金融混业经营做好准备。二是促进各类金融中介机构规范发展，如资产评估、法律、审计、会计等金融中介，积极引入国内外品牌形象好、技术手段先进、信用水平高的大型中介组织和第三方信用评级机构，努力提升金融中介的服务管理水平。三是营造宽松和谐的金融发展氛围，地方政府既要在宏观上强化对金融机构的引导，又要努力减少对金融机构和企业正常经营的各类直接干预和干扰，要让银行、保险、证券等各类金融机构真正按照市场化的方式运用，对各种各类企业逃废银行债务等不诚信行为严厉制止。四是构建企业征信和个人信用信息的透明公开共享机制，金融相关法律制度建设要进一步完善，构建信用激励和惩戒体系，对不诚信企业要加大惩戒，提高其失信成本，维护金融法治环境的严肃性和权威性，对于严格守信、行为良好的企业和个人，应当在金融服务方面得到优惠和便利。

本章小结

通过构建区域信贷投放的空间回归模型，研究发现地理空间作用对地区信贷资源配置影响显著，区域信贷资源配置出现了明显的空间聚集现象。本书认为，之所以出现这种情况，原因在于地理上接壤和距离较近地区的交通成本低，因此其商品交换、贸易往来、劳动力转移等经济联系更深入、更紧密，使得在空间上邻近区域的经济发展水平、产业结构层次和金融生态环境相近；当前我国金融资源中以信贷资源为主，而在银行中国有商业银行占据支配地位，由于国有银行的经验机制为"总行—分行"体系，信贷资源由总行集中控制管理和调配，基于趋利性和规避风险需要，在制定信贷政策和分配信贷资源时对于经济金融环境类似的区域信贷政策也必然接近，对地理邻近区域的审批权限和信贷规模管控程度相当，就会出现信贷资源的空间聚集配置。此外在内部银团和商业票据等业务方面，多习惯与相邻地区联合开展以减少信息不对称并有效控制风险，所以各地的信贷资源配置呈现出地区聚集和空间依赖性。

货币价格调控手段和数量调控手段，对区域信贷投放作用效果不完全一样，甚至可能出现矛盾，从对中长期贷款的影响来看，提高利率会抑制国内中长期贷款增速，而存款准备金政策则具有相反的作用；二者的交替使用并未能起到预期的效果，反而使得统一货币政策相互抵消、减弱，因此从实际效果看，这些措施的作用受到限制。

货币政策紧缩背景下，利率已经成为货币当局一项重要经济调控手段，2004～2007年，央行已连续9次提高存贷款基准利率。本书研究表明，利率政策发挥效应的时滞为6个月，利率杠杆效应会逐级传递，滞后放大，由于市场需要6个月以上时间才能发挥、消化利率政策效力，对利率政策影响力及影响时间把握不准会对区域金融和区域经济发展产生较大的冲击。因此如何依据市场特征正确判断经济形势、有效使用利率政策、避免经济波动，是利率政策能否发挥最佳调控效果的关键。

与此同时，尽管上调存款准备金率和发行央行票据已经成为中央银行收缩流动性的常规手段，但这些总量控制政策的作用有限，甚至会在商业银行盈利驱动下得到与预期相反的效果。存款准备金率的提高使得商业银行被动加大了低收益资产的比重，迫于盈利压力，商业银行会主动增加高收益的中长期信贷投放。中长期贷款的持续增加虽然将增加商业银行的盈利能力，但也加大了贷款的整体风险，更多贷款的资产质量需要经受时间的考验：一方面，中长期贷款多投向固定资产投资项目，如果消费率和投资率不能形成合理的比例关系，就会使投资增长失去最终需求的支撑，加剧生产过剩，影响地方经济健康协调发展；另一方面，贷款中长期化与存款期限活期化，带来银行资产负债期限错配的风险；此外，从紧货币政策下中长期贷款增速远高于短期贷款，说明中长期资金的脱媒程度要远低于短期资金，金融脱媒风险和期限错配风险融合在一起，使长期金融结构失衡的压力更突出。

中央宏观调控部门和货币政策制定部门，在制定宏观调控政策的过程中，以及对货币政策实施效果进行评价方面，需要充分考虑到地理空间效应产生的影响，否则将会出现政策偏差和评价偏差。各级商业银行和金融机构应当认识到，信贷资金资源在区域层面上的集中控制，为其降低审查管理成本、实现规模经济效益具有重要作用，有助于提高经营效益和利润水平，但其负面影响必须引起重视，信贷资金资源过度集中于某地，会使得金融机构的资金使用渠道越来越狭窄，金融机构进行风险规避的空间越来越狭小，金融机构各自独立的金融理性行为最终将会对金融行业整体发展带来非理性的结果，必须要在国家政策和行业协会层面上进行指导、协调。

第六章　结论及展望

改革开放以来，中国经济保持了持续高速增长态势，取得了举世瞩目的成就，极大地促进了中国整体经济实力的提升。但与这种快速增长相伴随的是，中国地区间的经济增长速度与居民生活水平存在明显差异。调控区域的增长差距、协调地区经济发展的紧迫性和重要性在我国经济增长过程中越来越重要。为了能够较为全面地反映我国现阶段各地区的经济发展状况，以及各地区在经济发展过程中所呈现出的不同变化规律和运行特征，需要在定性基础上对我国各省份间经济发展水平的差异程度进行深入细致的定量分析，清晰地揭示我国区域经济增长的地理空间分布特征及其演化规律，并研究我国的地区经济增长模式是否具有收敛性特征以及我国区域经济增长空间分布演进趋势受何种因素影响，并进一步找到能够对影响区域经济增长空间格局演变的起关键作用的因素，通过相应的政策调节措施，推动我国区域经济向均衡协调方向发展。本书通过对区域金融发展空间格局和演变规律对于经济增长空间分布格局及其演进趋势的影响进行了深入分析，得到以下主要结论：

（1）本书与现有研究多集中于省区层面和静态描述不同的是，基于省级和地市级两个空间尺度，从空间和时间两个维度，结合 ESDA 和空间计量经济学方法研究我国区域经济的发展问题，不仅对中国区域经济发展格局的主要特征进行了空间探索分析，还引入 20 世纪 90 年代最新发展的分布动态方法，使用当前较为先进随机核密度估计方法结合三维图形和等高线图分析，可以弥补马尔可夫转移矩阵计算过程中对人均 GDP 序列任意离散化产生的估计偏差。结果亦表明，中国区域经济水平分布格局的流动性差而持续性强，短期内区域经济增长格局变动不大；但在较长的时期内考察发现，落后省区经济水平与全国平均水平相比，均呈上升趋势，说明随着国家区域经济均衡发展战略的实施，低水平俱乐部的整体发展水平在逐步提高，落后地区的经济发展水平得到发展，大多数地区逐渐接近全国平均水平，表明 20 世纪 90 年代末以来我国实施的区域均衡发展战略有助于落后地区脱离"贫困陷阱"。同时还发现中国省区经济增长的分布形态并非如现有研究中争论的那样呈正"U"型或倒"U"型曲线,而是经历了区域经济发展差距的缩小—扩大—缩小的过程,表现为"S"型,目前我国各地区之间的区域经济发展差距正在缩小。

进一步在分析框架中明确引入空间因素,运用空间马尔可夫链方法和空间条件的随机核密度估计,考察地理空间效应对中国区域经济增长演进的影响,结果表明,区域经济增长格局分布演进明显受空间因素的影响,近邻效应显著,拥有富裕邻区的地区向较高收入水平演进的概率较大,使得区域经济增长表现出了局部性的空间俱乐部收敛特征。

(2)通过对我国区域间经济增长状态与金融发展状态的交互作用机制的分析发现,区域间经济发展差距与金融发展差距呈现一致的变动关系,且金融差距大于经济差距,据此初步判断区域金融发展差距变动是我国区际经济差距变动的重要因素。进一步通过 Granger 因果检验表明,三大俱乐部之间对金融资源的吸引和配置强化了三大地区之间的经济差距,而三大地区之间经济差距的拉大也进一步使得金融资源向经济高水平地区聚集,两者互相强化;但在三大经济区内部的省市之间,对于金融资源的吸引力等条件都差不多,因此金融资源分布没有表现出明显的空间倾向,其区域经济与金融的空间分布更受到其他有关因素的影响。

本书进一步将空间计量分析技术与分量回归(quantile regression)技术相结合,克服了传统研究只能度量外生变量对内生变量的"平均"影响的局限,有效克服了现有研究中的局限和不足,对我国区域经济收敛及其金融原因进行了重新审视,不仅研究了收敛方程中系数变化对收敛速度和机制的影响,还进一步分析了解释变量分布的变化对区域经济收敛的影响,这比单纯研究区域金融发展对区域经济收敛的平均影响更有政策含义,得出的结论也更有针对性和目的性。结果表明,在 1978~1991 年间,我国区域经济增长的 β 估计值均为负数,在 1992~2002 年为正数,在 2003~2008 年为负数,这与前文发现我国区域经济增长"收敛—发散—收敛"的 S 型增长状态完全一致。在 1978~1991 年间,随着区域经济发展水平由条件分布的低端(低分位数)向高端变化,β 估计值越来越小,表明在此期间我国区域经济发展水平越高的地区,区域经济收敛速度越快;2003~2008 年间,则正好相反,区域经济发展水平越低的地区,经济增长收敛的速度越快,这在一定程度上证明,1978~1991 年间主要是我国发达地区的经济快速增长,而 2003 年以来欠发达地区的经济增速加快,因此 2003 年以来的经济收敛趋势更具均衡意义,这也表明了使用分量回归技术较传统 OLS 方法的优越性所在。

（3）利用面板数据阈效应回归模型对我国金融发展与经济增长的关联性问题进行了定量分析，建立一个包含不同区制的阈回归模型来估计检验区域金融发展与区域经济增长间的阈效应和阈值点，通过将地区经济增长速度作为因变量，地区金融增长速度作为自变量，并分别把地区金融发展水平和地区经济发展水平作为阈变量，检验地区金融发展速度对经济的实际增长速度是否具有阈值效应。

从中国各省市数据来看，由于经济发展水平不均导致的金融发展不均，在经济发展水平不同的地区，金融发展对经济增长的作用也不同。区域经济发展水平和金融资源富集程度确实影响了金融发展与经济增长之间的关系，在模型中体现为人均实际 GDP 和人均存贷款额作为阈变量均对金融发展与经济增长的关系存在双重阈效应；在经济发展水平高的地区，金融发展明显促进了经济增长；在经济发展水平低的地区，金融发展阻碍了经济的增长；在经济发展水平中等的地区，金融发展与经济增长具有显著促进作用。经济发展水平低的地区，金融发展受到经济条件的限制，又反过来阻碍了投资资源的优化配置，从而阻碍了经济增长；随着金融发展水平的提高，金融发展对经济增长的阻碍作用得到改善，当一个地区的经济达到了中等经济水平时，金融发展对经济增长作用加强；当经济发展到一个比较高的水平时，金融机构作用的发挥不再受经济水平的制约，金融机构可以充分发挥在改善投资、降低风险等方面的作用，从而促进了整个经济的增长。

（4）由于区域金融发展水平是区域经济收敛的关键影响因素，因此政府可以通过宏观调控手段影响金融资源的区域配置，进而实现通过调控金融来促进经济均衡发展的目标，但是在地区层面上，其执行效果存在很大的区域效应。货币政策实施效果的地区差异必定与我国区域间的地理位置和空间关系有关。与现有的研究相比，一方面本书的分析视角深入省际区域的角度，相比当前大部分研究简单地从东、中、西部划分经济区域进行分析更为详尽；另一方面本书从金融地理的视角出发，强调了地理空间效应在区域信贷投放中的作用。现行货币政策的统一性存在明显的区域差异，这种差异削弱了对区域经济结构调整的作用，降低了货币政策执行的有效性，其背后是商业银行微观行为的结果。货币政策从中央银行传导至商业银行后，商业银行总行向分支机构传导的过程中，由于货币政策信贷传导渠道的有效性依赖银行体系的稳健与充分的竞争，会导致货币政策信号被误解、扭曲和削弱，影响货币政策的传导效果；同时，商业银行信贷集中的趋势与货币政策传导存在冲突。货币数量控制政策和价格控制政策，对区域信贷投放作用效果不完全一样，甚至可能出现矛盾，从对中长期贷款的影响来看，提高利率会抑制国内中长期贷款增速，而存款准备金政策则具有相反的作用；二者的交替使用并未能起到预期的效果，反而使得统一货币政策相互抵消、减弱，因此从实际效果看，这些措施的作用受到限制。监管部门应通过加强地区金融机构体系固化区域金融资源，建立综合政策调控机制，或制定差异性货币政策工具，避免商业银行微观行为对货币政策信贷传导渠道的不利影响。

在我国区域经济增长空间分布的变动过程中，区域金融发展的空间分布变动起到了重要的影响，因此，国家通过相应宏观金融政策的引导，均衡各地区区域金融发展的差距，能够在很大程度上促进我国区域经济发展向均衡协调的目标转变。因此，政策部门要为区域经济的崛起创造良好的政策环境，建立统一金融市场，促进区域金融组织机构发展，构建区域金融体系，加快区域资本市场建设并完善区域金融生态系统的自我调节功能。通过这些手段的综合运用，促进我国区域金融的协调发展进而带动区域经济趋于均衡。

当然，由于受到数据资料、研究时间等诸多因素的限制，本书主要抓住我国区域经济增长中的金融因素进行了系列分析。在时间、数据等条件允许的情况下，未来的研究可以进一步加入人力资本、技术进步、贸易条件等更多的经济社会条件，从而可以捕捉到更多的与区域经济增长布局和趋势影响因素，从而为相关部门提供更为全面和有力的政策建议，这也是本书作者进一步努力的方向。

参 考 文 献

[1] Barro, R. J. and Sala – I – Martin, X, *Economic growth*, McGraw – Hill, 1995: 13 – 22.

[2] Badinger H. et al, Regional Convergence in the European Union (1983 – 1999): A Spatial Dynamic Panel Analysis, *Regional Studies*, 2004 (38): 241 – 253.

[3] Romer, P, Endogenous technological change, *Journal of Political Economy*, 1990 (98): 71 – 102.

[4] Lucas. Robert. E, On the mechanics of economic development, *Journal of Monetary Economics*, 1988, 22 (3): 3 – 42.

[5] F. P. Ramsey, A Mathematical Theory of Saving, *The Economic Journal*, 1928, 38 (152): 543 – 559.

[6] North, Douglass C, Location theory and regional economic growth, *Journal of Political Economy*, 1955 (3): 43 – 58.

[7] Solow, Robert M, A Contribution to the Theory of Economic Growth, *Quarterly Journal of Economics*, 1956, 70 (1): 63 – 94.

[8] Baumol, W, Productivity Growth, Convergenceand Welfare, *American Economic Review*, 1986 (76): 1072 – 1085.

[9] J. Bradford DeLong, Productivity Growth, Convergence, and Welfare: Comment, *American Economic Review*, 1988, 78 (5): 1138 – 1154.

[10] Barro R J, Sala – I – Martin, X, Convergence across statesand regions, *Brookings Papers on Economic Activity*, 1991 (1): 107 – 158.

[11] Mankiw, N, Romer, D. , & Weil, D, A Contribu – tion to the Empirics of Economic Growth, *Quarterly Journal of Economics*, 1992 (107): 407 – 438.

[12] Dowriek, Steve and Nguyen, Due – Thou, OECD Comparative Economic Growth 1950 – 85: Catch – up and Convergence, *American Economic Review*, 1989 (79): 1010 – 1030.

[13] Cardenas, M, Growth and Convergence in Colombia: 1950 – 1990, *Journal of Development Economics*, 1995 (47): 3 – 37.

[14] Coulombe, New evidence of convergence across Canadian Provinces: the role ofurbanization, *Regional Studies*, 2000, 34 (8): 712 – 725.

[15] Friedman M, Do Old Fallacies Ever Die? *Journal of Economic Literature*, 1994 (30): 2129 – 2132.

[16] Quah, D. T, Regional convergence clusters across Europe, *European Economic Review*, 1996 (40): 951 – 958.

[17] Temple, J, The new growth evidence, *Journal of Economic Literature*, 1999 (37): 112 – 56.

[18] Quah, D. T, Empirics for economic growth and distribution: Polarization, Stratification, and Convergence Clubs, *Journal of Economic Growth*, 1997 (2): 27 – 59.

[19] Desdoigts, Alain, Patterns of Economic Development and the Formation ofClubs, *Journal of Economic Growth*, 1999, 4 (3): 303 – 330.

[20] Fabio Canova & Morten Ravn, The Macroeconomic Effects of German Unification: Real Adjustments and the Welfare State, *Review of Economic Dynamics*, 2000, 3 (3): 423 – 460.

[21] Rodolfo Cermeno, Growth Convergence Clubs: Evidence from Markov – Switching Models Using Panel Date, División de Economía, CIDE, 2002, http: //econpapers. repec. org/cpd/2002/ 115_Cermeno. pdf.

[22] Galor, Oded, Convergence? Inferences from theoretical models, *The Economic Journal*, 1996 (106): 1054 – 1069.

[23] Alan V. Deardoff, *Terms of Trade: Glossary of International Economics*, *World Scientific Publishing Company*, 2006: 34 – 56.

[24] Islam, Nazrul, Growth Empirics: A Panel Data Approach, *The Quarterly Journal of Economics*, 1995, 110 (4): 1127 – 1170.

[25] Andrew B. Bernard and Steven N. Durlauf, Interpreting tests of the convergence hypothesis, *Journal of Econometrics*, 1996, 71 (1): 161 – 173.

[26] Evans, P, Using Cross – Country Variances to Evaluate Growth Theories, *Journal of Economic Dynamics and Control*, 1996 (20): 1027 – 1049.

[27] Quah, Danny T, Twin Peaks: Growth and Convergence in Models of Distribution Dynamicsp, *Economic Journal, Royal Economic Society*, 1996, 106 (437): 1043 – 1055.

［28］Quah D. T, Galton's Fallacy and Tests of the Convergence Hypothesis, *The Scandinavian Journal of Economics*, 1993（95）：427 – 443.

［29］Fingleton, B, Specification and testing of Markov chain models：An application to convergence in the European Union, *Oxford Bulletin of Economics and Statistics*, 1997（59）：383 – 403.

［30］Bernard Fingleton, Spurious Spatial Regression：Some Monte Carlo Results with A Spatial Unit Root and Spatial Cointegration, *Journal of Regional Science*, 1999, 39（1）：1 – 19.

［31］Chen, J., Fleisher B, Regional Income Inequality and Economic Growth in China, *Journal of Comparative Economics*, 1996（221）：141 – 164.

［32］魏后凯：《中国地区经济增长及其收敛》，载于《中国工业经济》，1997 年第 3 期，第 31～37 页。

［33］宋学明：《中国区域经济发展及其收敛性》，载于《经济研究》，1996 年第 9 期，第 38～44 页。

［34］Jian, T., F. D. Sachs, and A. M. Warner, Trends in regional inequality in China, *China Economic Reriew*, 1996, 7（1）：1 – 21.

［35］Raiser, M, Subsidising Inequality：Economic Reforms, Fiscal Transfers and Convergence across Chinese Provinces, *Journal of Development Studies*, 1998, 34（3）：1 – 26.

［36］张胜、郭军、陈金贤：《中国省际长期经济增长绝对收敛的经验分析》，载于《世界经济》，2001 年第 6 期，第 67～70 页。

［37］Démurger S, Infrastructrure Development and Economic Growth：An Explanation for Regional Disparities in China? *Journal of Comparative Economics*, 2001, 29（1）：93 – 117.

［38］罗仁福、李小建、覃成林：《中国省级经济趋同的定量分析》，载于《地理科学进展》，2002 年第 1 期，第 73～80 页。

［39］Weeks, M., Yao J. Y. D, Provincial Conditional Income Convergence in China, 1953 – 1997：A Panel Data Approach, *Econometric Reviews*, 2003, 22（1）：59 – 77.

［40］Zhang, Zongyi, Liu, Aying, and Yao, Shujie, Convergence of China's regionalincomes, *China Economic Review*, 2001（12）：243 – 258.

［41］林毅夫、蔡昉、李周：《中国经济转型时期的地区差距分析》，载于《经济研究》，1998 年第 6 期，第 3～10 页。

［42］王绍光、胡鞍钢：《中国：不平衡发展的政治经济学》，中国计

划出版社 1999 年版。

[43] 王志刚:《质疑中国经济增长的条件收敛性》，载于《管理世界》，2004 年第 3 期，第 23～30 页。

[44] 蔡昉、都阳:《中国地区经济增长的趋同与差异——对西部开发战略的启示》，载于《经济研究》，2000 年第 10 期，第 3～14 页。

[45] 王铮、葛昭攀:《中国区域经济发展的多重均衡态与转变前兆》，载于《中国社会科学》，2002 年版第 7 期，第 31～39 页。

[46] 周玉翠、齐清文、冯灿飞:《近 10 年中国省际经济差异动态变化特征》，载于《地理研究》，2002 年版第 12 期，第 781～790 页。

[47] 刘夏明、魏英琪、李国平:《收敛还是发散? ——中国区域经济发展争论的文献综述》，载于《经济研究》，2004 年第 7 期，第 70～81 页。

[48] Romer, Paul M. Increasing Returns and Long – RunGrowth. *Journal of Political Economy*, 1986, 94 (5): 1002 – 1037.

[49] Robert E. Lucas. On the mechanics of economic development. *Journal of Monetary Economics*, 1988, 22 (1): 3 – 42.

[50] Armstrong, H. and Taylor, J. *Regional economics and policy*. Blackwell, 2000: 24 – 63.

[51] Golley, Jane. Regional patterns of industrial development during China's economictransition. *The Economics of Transition*, 2002 (10): 761 – 801.

[52] Karl Gunnar Myrdal. *The Challenge of World Poverty*: *A World Anti-Poverty Program in Outline. New York*, *Pantheon Books*, 1970: 29 – 60.

[53] K Lardy, Nicholas R. *Economic Growth and Distribution in China. Cambridge*. UK, Cambridge Univ. Press. 1978: 41 – 60.

[54] Lippit, Victor. *The Economic Development of China*. Armonk, NY: M. E. Sharpe, 1987: 100 – 133.

[55] Riskin C. *Chinas' Political Economy*: *The Quest for Development since* 1949. Oxford: Oxford University Press, 1978, 12 – 98.

[56] Friedman, J. H. Exploratory projection pursuit. *Journal of the American Statistical Association*, 1987 (82): 249 – 266.

[57] Selden, Mark. *The Political Economy of Chinese Socialism*. New York: M. E. Sharpe, 1988: 29 – 36.

[58] Aguignier, P. *Transforming China's economy in the eighties*. Boulder, CO: Westview Press, 1988: 93 – 106.

［59］ Yang, Dali L. Patterns of China's Regional Development Strategy. *The China Quarterly*, 1990 (122): 230 –257.

［60］ LyonsT P. Inter – provincial disparities in China: output and consumption, 1952 – 1987. *Economic Development and Cultural Change*, 1991, 39 (3): 471 –506.

［61］ Tsui, Kai Yuen. China's Regional Inequality: 1952 – 1985. *Journal of Comparative Economics*, 1991 (15): 1 –21.

［62］ Tsui, Kai Yuen. Trends and Inequalities of Rural Welfare in China: Evidence from Rural Households in Guangdong and Sichuan. *Journal of Comparative Economics*, 1998 (26): 783 –804.

［63］ Jian, Tianlun, Jeffery D. Sacks, Andrew M. Warner. *Trends in Regional Inequality in China*. NBER working paper, 1996, No. 5412.

［64］ Rozelle, Scott. Rural Industrialization and Increasing Inequality: Emerging Patterns in China's Reforming Economy. *Journal of Comparative Economics*, 1994, 19 (3): 362 –394.

［65］ Long Gen Ying. Measuring the spillover effects: Some Chinese evidence. *Papers in Regional Science*, 2000, 79 (1): 73 –89.

［66］ Masahisa F, Hu D. Regional disparity in China 1983 – 1994: the effects of globalization and economic liberalization. *The Annals of Regional Science*, 2001, 35 (1): 3 –37.

［67］ Kim T J, Knaap G J. The spatial dispersion of economic activities and development trends in China: 1952 – 1985. *The Annals of Regional Science*, 2001, 35 (1): 39 –57.

［68］ Batisse, Cecile. Dynamic externalities and local growth: A panel data analysis applied to Chinese provinces. *China Economic Review*, 2002, 13 (2 –3): 231 –251.

［69］ Zhang, Xiaobo, and Kanbur. *RaviSpatial Inequality in Education and Health Care in China*. IFPRI, working paper, 2003.

［70］ 杨开忠：《中国区域经济差异变动研究》，载于《经济研究》，1994 年第 12 期，第 28 ～33 页。

［71］ 袁钢明：《地区经济差异与宏观经济波动》，载于《经济研究》，1996 年第 10 期，第 49 ～56 页。

［72］ 魏后凯、刘楷：《我国地区差异变动趋势分析与预测》，载于《中国工业经济》，1994 年第 4 期，第 28 ～36 页。

[73] 沈坤荣、耿强：《外国直接投资、技术外溢与内生经济增长——中国数据的计量检验与实证分析》，载于《中国社会科学》，2001年第5期，第83～93页。

[74] 罗守贵、高汝熹：《改革开放以来中国经济发展及居民收入区域差异变动研究——三种区域基尼系数的实证及对比》，载于《管理世界》，2005年第11期，第43～66页。

[75] 杨伟民：《地区间收入差距变动的实证分析》，载于《经济研究》，1992年第1期，第70～74页。

[76] 李二玲、覃成林：《中国南北区域经济差异研究》，载于《地理学与国土研究》，2002年第18（4）期，第74～78页。

[77] 宋德勇：《改革以来中国经济发展的地区差距状况》，载于《数量经济技术经济研究》，1998年第3期，第13～18页。

[78] 刘强：《中国经济增长的收敛性分析》，载于《经济研究》，2001年第6期，第70～77页。

[79] 林毅夫、刘培林：《中国的经济发展战略与地区收入差距》，载于《经济研究》，2003年第3期，第19～25页。

[80] 贺灿飞、梁进社：《中国区域经济差异的时空变化：市场化、全球化与城市化》，载于《管理世界》，2004年第8期，第8～17页。

[81] 徐建华、鲁凤、苏方林、卢艳：《中国区域经济差异的时空尺度分析》，载于《地理研究》，2005年第1期，第57～68页。

[82] 段平忠、刘传江：《人口流动对经济增长地区差距的影响》，载于《中国软科学》，2005年第12期，第99～110页。

[83] 石磊、高帆：《地区经济差距：一个基于经济结构转变的实证研究》，载于《管理世界》，2006年第5期，第33～44页。

[84] 陈国阶：《我国东中西部发展差异原因分析》，载于《地理科学》，1997年第17（1）期，第1～6页。

[85] 周民良：《经济重心、区域差距与协调发展》，载于《中国社会科学》，2000年第2期，第42～53页。

[86] 马拴友、于红霞：《转移支付与地区经济收敛》，载于《经济研究》，2003年第3期，第24～33页。

[87] J. Bradford DeLong, Andrei Shleifer, Lawrence H. Summers, and Robert J. Waldmann. The Survival of Noise Traders in Financial Markets. *Journal of Business*, 1991, 64（1）: 1 – 20.

[88] Arthur O' Sullivan & Richard Arnott & Allen Scott & Marcus Berliant

& Robert E. Lucas. Handbook of Regional and Urban Economics, Volume 4: Cities and Geography. *Journal of Economic Geography*, 2006, 6 (1): 91 –112.

[89] Englmann, F. C. , Walz, U. Industrial Centers and Regional Growth in the Presence of Local Inputs. *Journal of Regional Science*, 1995 (35): 3 –27.

[90] Kubo, Y. Scale Economies, Regional Externalities, and the Possibility of Uneven Development. *Journal of Regional Science*, 1995, (35): 29 –42.

[91] Krugman, P. First Nature, Second Nature and Metropolitan Location. *Journal of Regional Science*, 1993 (33): 129 –144.

[92] Rey, S. , and B. Montouri. US regional income convergence: A spatial econometric perspective. *Regional Studies*, 1999 (33): 143 –56.

[93] Tobler, W. *Cellular Geography, Philosophy in Geography* . Dordrecht, Reidel: Gale and Olsson, Eds, 1979: 23 –36.

[94] Krugman, P. On the Number and Location of Cities. *European Economic Review*, 1993 (37): 293 –293.

[95] Matías Mayor & Ana López. Spatial shift – share analysis versus spatial filtering: an application to Spanish employment data. *Empirical Economics*, 2008, 34 (1): 123 –142.

[96] Ramajo, Julián & Márquez, Miguel A. & Hewings, Geoffrey J. D. & Salinas, María M. Spatial heterogeneity and interregional spillovers in the European Union: Do cohesion policies encourage convergence across regions? *European Economic Review*, 2008, 52 (3): 551 –567.

[97] Cliff A D, Ord J K. *Spatial Autocorrelation*. London: Pion, 1973: 28 –40.

[98] Moran P. The interpretation on statistical maps. *Journal of the Royal Statistical Society*, 1948 (10): 243 –251.

[99] Paelinck, J. and L. Klaassen. *Spatial Econometrics*. Saxon House, Farnborough, 1979: 53 –60.

[100] Anselin, L. *Spatial Econometrics: Methods and Models*. Dordrecht, Kluwer Academic Publishers, 1988: 39 –46.

[101] Haining, R. *Geography and Spatial Statistics: Current Positions, Future Developments*. Oxford, UK: Basil Blackwell, 1989: 191 – 203.

[102] Cressie, N. *Statistics for Spatial Data*. Wiley, New York. 1993: 63 –68.

[103] Ord J K, Getis A. Testing for local spatial autocorrelation in the presence of glob alautocorrelation. *Journal of Regional Science*, 2001 (41): 411 -432.

[104] Miguel A Marquez & Julian Ramajo & Geoffrey J D Hewings. Dynamic effects within a regional system: an empirical approach. *Environment and Planning A*, 2006, 38 (4): 711 -732.

[105] Andrada I. Pacheco, Timothy J. Tyrrell. Testing spatial patterns and growth spillover effects in clusters of cities. *Journal of Geographical Systems*, 2002, 4 (3): 273 -285.

[106] Per Botolf Maurseth: Convergence, geography and technology. *Structural Change and Economic Dynamics*, 2001 (12): 247 -276.

[107] Julian Ramajo & Miguel Marquez & Francisco Pedraja & Javier Salinas. Competition in the allocation of public spending: a new model to analyse the interaction between expenditure categories. *Economics Bulletin*, 2007, 8 (4): 1 -7.

[108] Rey S. Spatial empirics for economic growth and convergence. *Geographical Analysis*, 2001 (33): 193 - 214.

[109] Le Gallo J, Ertur Cem. Exploratory Spatial Data Analysis of the Distribution of Regional Per Capita GDP in Europe, 1980 - 1995. *Regional Science*, 2003 (82): 173 -201.

[110] Neven, D. , and C. Gouyette. Regional convergence in the EuropeanCommunity. *Journal of Common Market Studies*, 1995 (33): 47 -65.

[111] López - Bazo, E. , E. Vayá, A. J. Mora, and J. Suriñach. Regional economic dynamics and convergence in the European Union. *Annals of Regional Science*, 1999 (33): 343 -370.

[112] Magrini, S. The evolution of income disparities among the regions of the European Union. *Regional Science and Urban Economics*, 1999 (29): 257 -281.

[113] Cheshire, P. , and S. Magrini. Endogenous processes in European regional growth, convergence and policy. *Growth and Change*, 2000 (31): 453 -479.

[114] Agustín García & Julian Ramajo. Fiscal policy and private consumption behaviour: The Spanish case. *Empirical Economics*, 2005, 30 (1): 113 -135.

［115］Carlino, G, Mills, L. Are U. S. Regional In‐comes Converging? *Journal of Monetary Economics*, 1993 (32): 333 – 346.

［116］Lee, L. F. *Asymptotic distributions of quasi‐maximum likelihood estimators for spatial econometric models*: *Mixed regressive*, *spatial autoregressive‐processes*. Ohio State University, 2001: 58 – 66.

［117］Elhorst. J. P. Specification and estimation of spatial panel data models. *International Regional Science Review*, 2003 (26): 243 – 268.

［118］Elhorst. J. P. Unconditional Maximum Likelihood Estimation of Linear and Log‐Linear Dynamic Models for Spatial Panels. *Geographical Analysis*, 2005 (37): 83 – 106.

［119］朱传耿、顾朝林、马荣华、甄峰、张伟:《中国流动人口的影响要素与空间分布》,载于《地理学报》,2001 年第 56 (5) 期,第 549 ~ 560 页。

［120］陈斐、郭朝辉、杜道生、周旭、贾云鹏,《基于 GIS 的区域经济分析与决策初步研究》,载于《人文地理》,2002 年第 17 (6) 期,第 77 ~ 80 页。

［121］吕安民、李成名、林宗坚、金逸民:《人口统计数据的空间分布化研究》,载于《武汉大学学报 (信息科学版)》,2002 年第 6 期,第 273 ~ 278 页。

［122］刘德钦、刘宇、薛新玉:《中国人口分布及空间相关分析》,载于《遥感信息》,2002 年第 6 期,第 2 ~ 6 页。

［123］刘旭华、王劲峰、孟斌,《中国区域经济时空动态不平衡发展分析》,载于《地理研究》,2004 年第 23 (4) 期,第 530 ~ 540 页。

［124］Ying L. G. Understanding China's recent growth experience: A Spatial EconomicPerspective, *The Annals of Regional Science*, 2003 (37): 613 – 628.

［125］Demurger, S. , 杰夫·萨克斯,胡永泰等:《地理位置与优惠政策对中国地区经济发展的相关贡献》,载于《经济研究》,2002 年第 9 期,第 13 ~ 23 页。

［126］Démurger, S. , Jeffrey D. Sachs, Wing T. Woo, Shuming Bao, Gene Chang and Andrew Mellinger. *Geography*, *Economic Policy and Regional Development in China*. NBER Working Paper, 2002, No. 8897.

［127］林光平、龙志和、吴梅:《我国地区经济收敛的空间计量实证分析: 1978 – 2002 年》,载于《经济学 (季刊)》,2005 年第 S1 期,第

67～82 页。

[128] Aziz, Jahangir and Duenwald, Christoph. *China's Provincial Growth Dynamics*. IMF Working Paper, 2001, WP－01－3.

[129] 徐现祥、舒元：《中国省区经济增长分布的演进（1978－1998)》，载于《经济学（季刊)》，2004 年第 3（3）期，第 619～638 页。

[130] 蒲英霞、马荣华、葛莹、黄杏元：《基于空间马尔可夫链的江苏区域趋同时空演变》，载于《地理学报》，2005 年第 5 期，第 817～826 页。

[131] 周卫峰：《中国区域经济增长收敛性研究》，载于《中国社会科学院研究生院博士学位论文》，2005 年，第 38～48 页。

[132] 王争、钱彦敏：《中国省际收敛与收入分布的"极化"特征，1978－2004：趋势及成因》，载于《经济发展论坛工作论文》，www. fed. org. cn, 2006 年。

[133] 李国平、陈晓玲：《中国省区经济增长空间分布动态》，载于《地理学报》，2007 年第 62（10）期，第 1051～1062 页。

[134] Portes, Richard & Rey, Helene. The determinants of cross－border equity flows. *Journal of International Economics*, 2005, 65（2）：269－296.

[135] Clark. G. L. The Functional and Spatial Structure of the Investment ManagementIndustry. *Geoforum*, 2000（31）：71－86.

[136] Clark G, Feldman M, Gertler M. *The Oxford Handbook of Economic Geography*. Oxford University Press, 2000：60－76.

[137] William Grave. The Geography of Mutual Fund Assets. *The Professional Geographer*, 1998, 50（2）：243－255.

[138] Peter G. Dunne & Michael J. Moore & Richard Portes. Benchmark Status in Fixed－Income Asset Markets. *Journal of Business Finance & Accounting*, 2007, 34（9－10）：1613－1634.

[139] Leyshon A, Thrift N. A phantom state? The detraditionalisation of money, the international financial system and international financial centres. *Political Geography*, 1994（13）：299－327.

[140] Kobrin, S. J. Electronic cash and the end of national markets. *Foreign Policy*, 1997（2）：63－77.

[141] Ohmae, K. *The Borderless World*. London：Harper Collins, 1990：23－36.

[142] Engwall, Lars & Marquardt, Rolf & Pedersen, Torben & Tschoegl,

Adrian E. Foreign bank penetration of newly opened markets in the Nordic countries. *Journal of International Financial Markets, Institutions and Money*, 2001, 11 (1): 53 –63.

[143] Porteous D J. The Geography of Finance: Spatial Dimensions of Intermediary Behavior. *Aldershot Avebury*, 1995 (7): 254 –260.

[144] Zhao, S. X. *Spatial Restructuring of Financial Centers in Mainland China and Hong Kong*. Hong Kong: Sweet & Maxwell Asia, 2002: 13 –39.

[145] Portes, Richard & Rey, Helene & Oh, Yonghyup. Information and capital flows: The determinants of transactions in financial assets. *European Economic Review*, 2001, 45 (3 –6): 783 –796.

[146] Kaufman. Emerging Economies and International Financial-Centers. *Review of Pacific Basin Financial Markets and Policies*, 2001, 4 (4): 363 –377.

[147] Joo, Sangyong. International Finance Center: Its Conditions and Effects. *Bank of Korea Economic Papers*, 2005, 8 (1): 143 –60.

[148] Papaioannou, Elias & Portes, Richard & Siourounis, Gregorios. Optimal currency shares in international reserves: The impact of the euro and the prospects for the dollar. *Journal of the Japanese and International Economies*, 2006, 20 (4): 508 –547.

[149] Leyshon, A. and N. J. *Thrift Money/Space: geographies of monetary transformation*. London: Routledge, 1997: 50 –63.

[150] Martin, Ron and Peter Sunley. Slow convergence? The New Endogenous Growth Theory and Regional Development. *Economic Geography*, 1998, 74 (3): 201 –227.

[151] Gehrig T. *Cities and the Geography of Financial Centers*. Cambridge University Press, 2000: 23 –30.

[152] Clark, G. L, Wbjcik D. An Economic Geography of Global Finance: Ownership oncentration and Stock – Price Volatility in German Firms and Regions. *Annals of the Association of American Geographers*, 2003, 93 (4): 909 –924.

[153] 赵晓斌、王坦、张晋熹:《信息流和"不对称信息"是金融与服务中心发展的决定因素:中国案例》,载于《经济地理》,2002 年第 22 (4) 期,第 408 ~414 页。

[154] 潘英丽:《论金融中心形成的观基础——金融机构的空间聚

集》，载于《上海财经大学学报》，2003 年第 5（1）期，第 50～57 页。

　　［155］支大林：《中国区域金融研究》，载于《东北师范大学博士学位论文》，2002 年。

　　［156］田霖：《区域金融成长差异：金融地理学视角》，经济科学出版社 2006 年版。

　　［157］Lucas, Robert E, Jr & Rapping, Leonard A. Price Expectations and the Phillips Curve. *American Economic Review*, 1969, 59（3）：342－350.

　　［158］*King R G and Levine R. Finance and Growth：Schumpeter might be Right.* Quarterly Journal of Economics, 1993（108）：717－738.

　　［159］Stiglitz, J. E. The Role of the Statein Financial Markets. *The World Bank Economic Review*, 1994（8）：19－52.

　　［160］Show, E S. *Financial Deepening in Economic Growth.* NY：Oxford University Press, 1973：60－70.

　　［161］Mckinnon R I. *Money and Capital in Economic Development.* Brooking Instition, Washington DC, 1973：20－60.

　　［162］Schumpeter Joseph. *The theory of Economic Development.* Harvard University Press, 1912：110－243.

　　［163］John G·Gurley, E·S·Shaw. Financia Aspects of Economic Development. *American Economic Review*, 1995, 45（4）：513－538.

　　［164］Wicksell, Knut. *Value, Capital and Rent*（1893）. New York：Augustus M. Kelley Reprint, 1970：80－85.

　　［165］Patrick H T. *Financial development and economic growth in underdevelopedcountries.* Economic Development and Cultural Change, 1966（14）：174－189.

　　［166］Goldsmith R W. *Financial Structure and Development.* Yale University Press, 1969：20－89.

　　［167］Levine, Ross & Loayza, Norman & Beck, Thorsten. Financial intermediation and growth：Causality andcauses. *Journal of Monetary Economics*, 2000, 46（1）：31－77.

　　［168］Beck, Thorsten & Levine, Ross & Loayza, Norman. Finance and the sources of growth. *Journal of Financial Economics*, 2000, 58（1－2）：261－300.

　　［169］曾康霖：《要注重研究区域金融》，《财经科学》，1995 年第 7 期，第 13～34 页。

[170] 张杰：《中国金融成长的经济分析》，中国经济出版社 1995 年版。

[171] 张军洲：《中国区域金融分析》，中国经济出版社 1995 年版。

[172] 殷德生：《我国金融组织空间结构：路径、效率与改革》，载于《当代财经》，2000 年版第 8 期，第 37～41 页。

[173] 潘文卿、张伟：《中国资本配置效率与金融发展相关性研究》，载于《管理世界》，2003 年版第 9 期，第 14～23 页。

[174] 陆文喜、李国平：《中国区域金融发展的收敛性分析》，载于《数量经济技术经济研究》，2004 年版第 2 期，第 123～128 页。

[175] 金雪军、田霖：《我国区域金融成长差异的态势：1978－2003 年》，载于《经济理论与经济管理》，2004 年第 8 期，第 23～30 页。

[176] 王维强：《我国区域金融政策问题研究》，载于《财经研究》，2005 年第 31（2）期，第 110～119 页。

[177] 赵伟、马瑞永：《中国区域金融发展的收敛性、成因及政策建议》，载于《中国软科学》，2006 年第 2 期，第 93～101 页。

[178] 冯玥、王如渊：《对我国区域金融发展的聚类分析》，载于《统计与决策》，2007 年第 1 期，第 73～75 页。

[179] 周立、王子明：《中国各地区金融发展与经济增长实证分析：1978—2000》，载于《金融研究》，2002 年第 10 期，第 1～13 页。

[180] Genevieve Boyreau - Debray. *Financial Intermediation and Growth：Chinese Style*. World Bank Working Paper, 2003, www. worldbank. org.

[181] 陈柳钦、曾庆久：《我国金融发展与经济增长关系的实证分析》，载于《经济理论与经济管理》，2003 年第 10 期，第 13～18 页。

[182] 艾洪德、徐明圣、郭凯：《我国区域金融发展与趋于经济增长关系的实证分析》，载于《财经问题研究》，2004 年第 7 期，第 24～32 页。

[183] 周好文、钟永红：《中国金融中介发展与地区经济增长：多变量 VAR 系统分析》，载于《金融研究》，2004 年第 6 期，第 130～137 页。

[184] 沈坤荣、张成：《金融发展与中国经济增长——基于跨地区动态数据的实证研究》，载于《管理世界》，2004 年第 7 期，第 13～21 页。

[185] 王景武：《金融发展与经济增长：基于中国区域金融发展的实证分析》，载于《财贸经济》，2005 年第 10 期，第 23～27 页。

[186] 周宁东、汪增群：《金融发展对经济增长的贡献——一项基于面板数据的研究》，载于《财贸经济》，2007 年第 5 期，第 84～92 页。

［187］ Koopman, R., Wang Z. Wei S. J. "Tracing VALUE – ADDED and double counting in gross exports," NBER Working Paper, 2012, No. 18579. OECD. Main Science and Technology Indicators（MSTI）：2009/2 Edition［EB］, 2010.

［188］ Rasmus Lema, Ruy Quadros and Hubert Schmitz. Shifts in Innovation Power to Brazil and India：Insights from the Auto and Software Industries. http：//www. ids. ac. uk/, 2012.

［189］ Daudin G., Rifflart C., Schweisguth D. "Who Produces for Whom in the World Economy?" Canadian Journal of Economics, 2011, Issue 4.

［190］ Selim, A. and Kevin, J. D. Finance and Poverty：Evidence from Fixed Effect Vector Decomposition. Emerging Markets Review, 2009, 10（3）：191 – 206,

［191］ Jeanneney, S. G. and Kpodar, K. Financial Development and Poverty Reduction：Can There Be a Benefit without a Cost? The Journal of Development Studies, 2011, 47（1）：143 – 163.

［192］ Imai, K. S., Gaiha, R., Thapa, G. and Annim, S. K. Microfinance and Poverty：A Macro Perspective. World Development, 2012, 40（8）：1675 – 1689.

［193］宾建成：《欧美"再工业化"趋势分析及政策建议》，载于《国际贸易》，2011 年第 2 期。

［194］洪偌馨、周弘：《欧债危机局部风险加大 但不会大规模蔓延》，2011 年 11 月 30 日。

［195］胡超、张捷：《"服务——制造"新形态国际分工的演进及可持续性分析》，载于《新华文摘》，2010 年第 14 期。

［196］科学技术部办公厅、国务院发展研究中心：《世界前沿技术发展报告 2011》，科学出版社 2012 年版。

［197］王俊：《欧美"再工业化"对我国先进制造业竞争力的影响与对策》，载于《综合竞争力》，2011 年第 2 期。

［198］张彬：《信息技术革命正在孕育新的突破》，载于《经济参考报》，2012 年 7 月 5 日，第 8 版。

［199］张茉楠：《"无就业复苏"将是美国经济长期难题》，载于《中国证券报》，2012 年第 10 月 8 日。

［200］左小蕾：《经济的真相：改革 2.0 时代的危与机》，中信出版

社 2014 年版。

[201] 胡锦涛：《高举中国特色社会主义伟大旗帜为夺取全面建设小康社会新胜利而奋斗：在中国共产党第十七次全国代表大会上的报告》，人民出版社、外文出版社 2009 年版。

[202] 胡锦涛：《坚定不移沿着中国特色社会主义道路前进，为全面建成小康社会而奋斗：在中国共产党第十八次全国代表大会上的报告》，人民出版社 2012 年版。

[203] 中国共产党第十八届中央委员会：《中共中央关于全面深化改革若干重大问题的决定》，载于《求是》，2013 年第 22 期。

[204] 习近平：《关于〈中共中央关于全面深化改革若干重大问题的决定〉的说明》，载于《求是》，2013 年第 22 期。

[205] 刘云山等：《〈中共中央关于全面深化改革若干重大问题的决定〉辅导读本》，人民出版社 2013 年版。

[206] 万宣辰：《功能视角下中国农村金融体系改革研究》，吉林大学，2013 年。

[207] 鲍静海：《德、法、美、日合作金融组织制度比较及借鉴》，载于《国际金融研究》，2010 年第 4 期。

[208] 王俊芹：《河北省农村信用社发展问题研究》，河北农业大学，2009 年。

[209] 魏晶雪：《农村金融制度创新》，中共中央党校，2008 年。

[210] 胡金焱：《中国农村非正规金融：金融的边缘化与制度创新》，复旦大学，2004 年。

[211] 张希惠：《我国民间金融发展研究》，湖南大学，2009 年。

[212] 冯琳：《我国农村民间金融法律问题研究》，河南师范大学，2013 年。

[213] 郭梅亮：《中国农村非正规金融制度变迁》，西北大学，2009 年。

[214] 俞建荣：《体制转轨时期我国农村非正规金融制度演进与绩效研究》，浙江工商大学，2007 年。

[215] 柯颖洪：《我国民间金融形式中的合会发展研究》，山西财经大学，2011 年。

[216] 汪丽丽：《非正式金融法律规制研究》，华东政法大学，2013 年。

[217] 车丽华：《我国非正规金融规制研究》，中南大学，2012 年。

[218] 房娟：《我国新型农村金融体系重构研究》，东北财经大学，

2012 年。

[219] 何剑伟：《中国农村小额信贷发展研究》，西北农林科技大学，2008 年。

[220] 顾福珍：《农村新型金融组织信贷运行机制研究》，东北农业大学，2012 年。

[221] 黄庆河：《格莱珉银行模式对我国小额信贷发展的启示》，载于《西部金融》，2009 年第 12 期。

[222] 穆林：《中国西部地区非正规金融发展：模式选择、制度设计与政策建议》，西北大学，2009 年。

[223] 赵沐明：　《中国农村非正规金融制度研究》，复旦大学，2012 年。

[224] 孙岩：《中国农村非正规金融演进研究》，辽宁大学，2010 年。

[225] 徐淑芳，林堉华：《印度小额信贷危机的原因、影响及其对中国的启示》，载于《学术研究》，2012 年第 9 期。

[226] 韩立胜：《印度小额贷款危机对中国的启示》，载于《吉林金融研究》2011 年第 1 期。

[227] 唐高原：《印度小额信贷发展及其对中国的启示》，载于《南亚研究季刊》，2009 年第 2 期。

[228] 许莹莹：《印度小额信贷发展及其对我国的启示》，西南财经大学，2011 年。

[229] 应起翔：《中国印度农村小额信贷发展比较研究》，浙江大学，2010 年。

[230] 张世春：《印度小额信贷危机以及对中国的警示》，载于《亚太经济》，2011 年第 4 期。

图书在版编目（CIP）数据

空间分布理论下的金融发展与区域经济增长之间的相互关系研究／张行著．—北京：经济科学出版社，2018.7

国家社科基金后期资助项目

ISBN 978 - 7 - 5141 - 9616 - 0

Ⅰ.①空…　Ⅱ.①张…　Ⅲ.①金融事业－关系－区域经济－经济增长－研究－中国　Ⅳ.①F832 ②F127

中国版本图书馆 CIP 数据核字（2018）第 181012 号

责任编辑：杨　洋
责任校对：王肖楠
版式设计：齐　杰
责任印制：王世伟

空间分布理论下的金融发展与区域经济增长
之间的相互关系研究
张　行　著
经济科学出版社出版、发行　新华书店经销
社址：北京市海淀区阜成路甲 28 号　邮编：100142
总编部电话：010 - 88191217　发行部电话：010 - 88191522
网址：www. esp. com. cn
电子邮件：esp@ esp. com. cn
天猫网店：经济科学出版社旗舰店
网址：http://jjkxcbs. tmall. com
北京季蜂印刷有限公司印装
710 × 1000　16 开　10 印张　200000 字
2018 年 10 月第 1 版　2018 年 10 月第 1 次印刷
ISBN 978 - 7 - 5141 - 9616 - 0　定价：32. 00 元
（图书出现印装问题，本社负责调换。电话：010 - 88191510）
（版权所有　侵权必究　举报电话：010 - 88191586
电子邮箱：dbts@ esp. com. cn）